NUDELN AUF KNOPFDRUCK

REZEPTE FÜR DEN PASTA MAKER

Text & Illustration: Cam Tu Nguyen Layout: Lena Dirscherl

Einführung

004 Meine Nudelmaschine, ein Pasta Extruder
014 Nudelmatrizen
022 Mehlsorten
028 Nudeln färben und aromatisieren
032 Knetvorgang wiederholen, Teig ruhen lasse
036 Flüssigkeit richtig abmessen
040 Die richtige Teigkonsistenz

Italienische Nudeln

044 Spaghetti
052 Tagliatelle & Pappardelle
058 Lasagne
064 Ravioli
072 Penne
078 Fusilli
084 Gnocchi
088 Motivnudeln

Ostasiatische Nudeln

094 Udon
100 Soba
104 Ramen
114 Mie-Nudeln
118 Dumplings
130 Reisnudeln

Spezielle Rezepte

138 Glutenfreie Nudeln
148 Schupfnudeln
152 Spritzgebäck
158 Flammkuchen
162 Grissini
166 Hundekuchen

Weiterverarbeitung

170 Nudeln kochen
176 Nudeln anrichten
186 Nudeln trocknen
190 Nudeln einfrieren

Extras

192 Bezugsquellen & Links
207 Über uns
208 Impressum

Die traditionelle Bigolaro kann auch andere Nudelsorten wie Fusilli oder Bucatini herstellen.

MEINE NUDELMASCHINE, EIN PASTA EXTRUDER

Pasta Extruder sind Nudelmaschinen, die mit Druck arbeiten.
Der Teig wird durch eine Formscheibe gepresst, auch Matrize genannt. Auf diese Weise entstehen unterschiedlichste Nudelformen.
Je nach Matrize können lange Nudeln entstehen wie z. B. Spaghetti oder Bucatini, aber auch gewellte, gedrehte oder kurze Nudeln wie z. B. Fusilli, Funghi oder Mafalde.

Diese Herstellungsmethode war lange Zeit den Pastamanufakturen und der Großindustrie vorenthalten. Die industriell hergestellten Nudeln, bestehend aus Hartweizengrieß und Wasser, konnten getrocknet und eingetütet einfacher weltweit exportiert werden. Den Ursprung der Pasta Extruder finden wir in Italien im 18. Jahrhundert.
Die Bigolaro ist eine Handnudelpresse, die wie ein Fleischwolf von Hand gedreht wird. Der Teig steckt in einer Röhre und wird von oben durch die Bronze-Matrize nach unten durchgedrückt. Mit dieser Handpresse werden traditionell Bigoli hergestellt. Das sind besonders dicke Spaghetti aus Vollkornmehl. Bigoli werden hauptsächlich frisch gegessen, da sie sich nicht gut trocknen lassen und auch sehr lange bräuchten, um zu garen.

In Italien wird zwischen **Pasta secca** (getrocknete Pasta) und **Pasta fresca** (frische Pasta) unterschieden. Beide Nudelsorten haben ihre Daseinsberechtigung und eine ist nicht generell schlechter als die andere. Tatsächlich ist es sogar so, dass bestimmte Nudelsorten an Qualität gewinnen, wenn sie in getrockneter Form gekocht und verzehrt werden, wie etwa Spaghetti-Nudeln. Spaghetti bekommen erst durch das Trocknen den richtigen Biss.

Allerdings gibt es durchaus qualitative Unterschiede zwischen den getrockneten Pastasorten. Günstig hergestellte Pasta wird durch teflonbeschichtete Matrizen gedrückt, sodass die Nudeln sehr glatt werden und sie so die Soße weniger gut aufnehmen können. Verwendet wird günstiger Hartweisengrieß, was sich im Preis bemerkbar macht. Hochwertige Trockenpasta wird traditionell durch Bronze-Matrizen gedrückt. Das Metall hält den Teig wegen seiner rauen Oberfläche zurück, sodass die Nudeln durch die Form gezogen werden. Dadurch entsteht eine raue Oberflächentextur, durch die die Soße perfekt aufgenommen werden kann. Hochwertige Nudeln werden auch schonender getrocknet und es werden regionale Mehlsorten verwendet.

Frische Pasta wird in Italien traditionell per Hand gemacht.
Es gibt unzählige Nudelsorten und die Teigzusammensetzung kann je nach Region variieren. Die üblichsten Sorten bestehen aus Weichweizenmehl und frischen Eiern (pro 100 g Mehl 1 Ei) oder aus Hartweizengrieß und Wasser (pro 100 g Hartweizengrieß 55 ml Wasser).
Manche Sorten werden komplett mit der Hand geformt wie z. B. Orchiette, kleine „Ohrläppchennudeln".
Früher wurde der Teig auch noch per Hand ausgerollt. Das Nudelholz dafür war besonders lang – wie ein Stab. Mittlerweile werden sogenannte Walznudelmaschinen verwendet, entweder mit einer Handkurbel oder elektronisch. Mit dieser Maschine lassen sich Nudelplatten in verschiedenen Stärken herstellen und in unterschiedlich breite Streifen schneiden. So entstehen Bandnudeln wie z. B. Papardelle oder Tagliatelle. Aus den Teigplatten lassen sich dann gefüllte Teigtaschen wie Ravioli und Tortelli herstellen.

Auch Restaurants und kleinere Pastamanufakturen haben die Vorteile von frisch gemachten Nudeln aus dem Pasta Extruder für sich entdeckt. Die Produktion geht schnell die Teigrezeptur kann selbst bestimmt werden. Die Nudeln schmecken frischer und werden als Gourmet-Lebensmittel verkauft. Getrocknete Pasta gibt es überall und wird (in manchen Fällen zu unrecht) als nichts Besonderes angesehen. Aus diesem Grund stellen immer mehr Restaurants ihre Nudeln mit Hilfe von Pasta Extrudern selber her. Die Nudeln werden nicht zum Trocknen produziert, sodass sich die Rezeptur nicht nur auf Hartweizengrieß und Wasser beschränken muss.

Mit einer Pasta Extruder Maschine für den Privathaushalt (z. B. dem Philips Pastamaker) gibt es unbegrenzte Möglichkeiten der Nudelherstellung. Da es für diese Maschinen auch Bronze-Matrizen zu kaufen gibt, lassen sich fast alle typisch italienischen Nudelsorten herstellen, die auch im Handel erhältlich sind.

Kurze Nudeln, lange Nudeln, gewellte Nudeln, Motivnudeln, Lasagneplatten – die große Pastawelt steht uns offen. Durch das Fleischwolfprinzip können auch noch weitere Speisen zuhause hergestellt werden, die industriell auf eine ähnliche Weise produziert werden wie z. B. Kartoffelgnocchi, Spritzgebäck oder Teigplatten für Flammkuchen.

Auch in asiatischen Ländern wie China, Japan oder Indien sind Pasta Extruder erhältlich, sodass für asiatische Nudeln und Gebäck zahlreiche Rezepte existieren, die ausprobiert werden können.

WIE FUNKTIONIERT DIESES BUCH?

Dieses Buch soll einen Überblick über die Möglichkeiten eines Pasta Extruders für den Privathaushalt geben, Anfängerfragen beantworten und viele Anregungen zum Nachkochen geben. Es behandelt Nudelteigrezepte und keine Nudelgerichte oder Nudelsoßen und wird dafür nur Ideen geben.

Ich werde in diesem Buch hauptsächlich Rezepte behandeln, welche an den Philips Pastamaker angepasst sind. Ich habe das große Modell mit eingebauter Waage und konnte damit am meisten Erfahrungen sammeln. Die Maschinen von Philips sind im Segment der Pastamaker für den Heimgebrauch weit verbreitet und haben ein gutes Preis-Leistungs-Verhältnis. Da in meiner Maschine hauptsächlich Metallteile verbaut sind, ist sie robuster als Modelle mit Kunststoffbauteilen. Aus diesem Grund kann es sein, dass die Teigrezepte für andere Pasta Extruder leicht angepasst werden müssen. Manchmal hilft schon ein wenig mehr Flüssigkeit.

Ich empfehle also dringlichst, sich vorher die mitgelieferten Gebrauchsanweisungen und Rezepte anzusehen, die bei der eigenen Maschine beiliegen.

Nur so lässt sich verstehen, welches Mehl-Wasser-Verhältnis die eigene Maschine verarbeiten kann, um es gegebenenfalls anpassen zu können. In der Regel funktionieren die Rezepte in diesem Buch auch für den Nudelaufsatz bei Kennwood, Kitchen Aid und den übrigen Nudelmaschinen von Philips. Größere Maschinen, wie die von Häussler oder „La Fattorina", benötigen einen Tick weniger Feuchtigkeit (5 bis 10 ml) als in diesem Buch angegeben.

Wer nach diesem Buch immer noch nicht genug von Nudeln hat und auf der Suche nach mehr Rezepten ist, findet ganz hinten eine große Liste mit empfehlenswerten weiteren Kochbüchern und Links zu verschiedensten Nudelthemen, die ich inspirierend und lehrreich finde. Ein perfekter Einstieg in die Nudelwelt.

Viel Spaß und Freude beim Nudeln,
wünscht Euch

Cam Tu Nguyen

DECKEL DER KNETKAMMER

Durch den Schlitz im Deckel wird die Flüssigkeit hineingeträufelt. Der Verschluss des Deckels bricht leicht, deshalb behutsam damit umgehen.

BEDIENFELD

In diese Maschine ist eine Waage integriert. Mithilfe des Bedienfelds lässt sich das Mehl abwiegen und die Wassermenge automatisch berechnen.

HAUPTGERAT

Damit die eingebaute Waage richtig funktioniert, muss die Maschine komplett eben stehen und keine anderen Gegenstände wie z. B. Mehlpackungen oder Ähnliches berühren.
Es ist auch ratsam ein paar Gramm unter dem Höchstgewicht von 500 g zu bleiben, damit die Maschine keine Fehlermeldung anzeigt.

AUFBEWAHRUNGS-BEHÄLTER

Ein kleiner Schuber, in welchem Matrizen aufbewahrt werden können.

KNETKAMMER

In diesem Behälter wird das Mehl geknetet. Je nach Maschine ist die Maximalmenge des verarbeitbaren Teiges unterschiedlich.

Aufbau einer Pasta Extruder Maschine am Bespiel des „Philips HR2358 / 12 Pastamaker". Je nach Maschine und Modell kann der Aufbau variieren. Knetkammer, Knethaken und die Ausgabe durch Matrizen sind jedoch charakteristisch für die meisten Pasta Extruder.

KNETHAKEN

Der Knethaken ist das Herzstück der Maschine. Er vermischt anfangs den Teig zu einer krümeligen Konsistenz. Nach der Knetzeit dreht sich der Haken in die umgekehrte Richtung und transportiert den Teig Richtung Ausgabe und mit viel Druck durch die Matrize. Der Knethaken ist bei diesem Modell aus Metall und antihaftbeschichtet.

MATRIZE

Die Originalaufsätze sind aus POM (Polyoxymethylen). Ein thermoplastischer Kunststoff, der für die Herstellung von Präzisionsteilen eingesetzt wird. Er ist sehr widerstandsfähig und stabil.

SCHEIBENHALTER

Darauf wird die Matrize befestigt.

VORDERSEITE

Sie hält alle Einzelteile zusammen und ist ebenfalls aus Metall.

Es gibt viele Maschinen auf dem Markt, die nach der Pasta-Extruder-Methode arbeiten. Einige sind handbetrieben, andere sind zwar elektrisch, aber nicht vollautomatisch. D. h. der Teig wird nur ausgegeben und muss extern geknetet werden. Je mehr Bauteile aus Metall sind, desto hochwertiger und langlebiger ist die Maschine. Der höhere Druck ermöglicht die Herstellung von komplizierteren Nudelformen und die Ausgabe der Nudeln geht schneller vonstatten.

Bigolaro, italienische traditionelle Handpresse *(handbetrieben)*
Marcato Regina Nudelmaschine *(handbetrieben)*
KitchenAid mit Gourmet Röhrennudelvorsatz *(Teig muss extern geknetet werden)*
Kenwood Pasta Fresca Aufsatz *(Teig muss extern geknetet werden)*
Ariete PastaMatic *(vollautomatisch)*
Simac Pasta Matic *(vollautomatisch)*
Razorri, elektrische Nudelmaschine *(vollautomatisch, keine runden Matrizen)*
Sirce Pastamagic *(vollautomatisch, keine runden Matrizen)*
Philips Pastamaker Viva Collection *(vollautomatisch)*
QUIGG Pastamaker von Aldi *(vollautomatisch)*
Silvercrest Pastamaschine von Lidl *(vollautomatisch)*
Springlane Nina *(vollautomatisch mit Wiegefunktion, keine runden Matrizen)*
Philips Pastamaker Avance Collection *(vollautomatisch mit Wiegefunktion)*
Häussler Nudelmaschinen *(vollautomatisch, Profimaschine)*
Fimar Nudelmaschinen *(vollautomatisch, Profimaschine)*
Fattorina Nudelmaschine *(vollautomatisch, Profimaschine)*
La Pastaia TR50 *(vollautomatisch, Profimaschine)*

Wer ein Restaurant oder eine große Familie mit Nudeln versorgen möchte, kann auch auf eine der Profimaschinen umsteigen. Diese Maschinen können mit einem Abschneider aufgerüstet werdern, der in einem voreingestellten Takt die Nudeln automatisch abschneidet.
So entstehen gleichmäßig lange Nudeln und es ist nicht nötig die ganze Zeit danebenzustehen. Für die große Gastronomie gibt es natürlich noch viel größere und leistungsfähigere Maschinen.

Alle Informationen haben keinen Anspruch auf Vollständigkeit. Es kommen immer wieder neue Pastamaschinen mit mehr Funktionen auf den Markt. Diese Liste gibt jedoch einen guten Überblick über über die aktuell (2020) vorhandenen Modelle und Möglichkeiten.

NUDELWALZE

+	Günstig in der Anschaffung.
+	Maschine ist platzsparend.
+	Kann ohne Strom betrieben werden.
+	Gibt es auch mit elektrischem Motor, was die Arbeit etwas erleichtert.
+	Sehr gut zur Herstellung von breiten Teigbahnen, Ravioli und handgeschnittenen Nudeln wie Ramen oder Udon.
–	Der Teig muss vorab per Hand oder mit einer Küchenmaschine geknetet werden
–	Es wird mehr Platz zum Kneten und Ausbreiten der Teigbahnen benötigt.
–	Die ganze Küche ist voller Mehl und man muss mehr reinigen.
–	Um die Maschine zu befestigen, wird ein geeigneter Tisch benötigt.
–	Die Zubereitung dauert länger.
–	Beschränkung auf lange, flache Nudelformen wie Spaghetti oder Bandnudeln.
–	Andere Nudelformen müssen aufwändig per Hand hergestellt werden, was Übung benötigt.
–	Teigreste, die z. B. beim Ausstanzen von gefüllten Nudeln entstehen, müssen wieder aufwändig geknetet und gewalzt werden.

PASTA EXTRUDER

–	Gute Maschinen sind teuer.
–	Die Machine ist größer und schwerer als Handkurbelmaschinen.
–	Die Maschine benötigt Strom.
+	Keine zusätzliche Arbeitsfläche zum Kneten oder Rollen nötig.
+	Der Reinigungsaufwand ist gering, die meisten Teile sind spülmaschinenfest.
+	Die Maschine kann überall stehen und braucht keine besondere Befestigung.
+	Die Zubereitung ist sehr schnell und einfach. Die Maschine kann selbst von Kindern bedient werden.
+	Sowohl lange als auch kurze Nudelformen wie z. B. Fusilli oder Penne können in kurzer Zeit hergestellt werden. Nudelplatten für Lasagne sind ebenfalls möglich.
+	Die Maschine kann mit Bronze-Matrizen aufgerüstet werden, sodass die Nudelvielfalt schier unendlich ist.
+	Teigreste oder unschöne Nudeln können zurück in die Knetkammer gegeben werden, sodass sie sofort wieder formschön herauskommen.

NUDELMATRIZEN

POM-Matrizen

Polyoxymethylene ist ein besonders stabiler Kunststoff, der in der Industrie für die Herstellung von Präzisionsteilen eingesetzt wird. POM-Matrizen wirken, wegen ihrer glatten Oberfläche, antihaftend und sind deswegen sehr einfach zu reinigen. Nudeln aus POM-Matrizen erhalten seltener die typisch rauhe Oberfläche, wie sie durch Bronze-Matrizen entsteht. Das ist auch gar nicht so schlecht, wenn ostasiatische Nudeln wie Ramen, Udon oder Reisnudeln herstellen möchte. Bei diesen Nudelsorten würde die rauhe Oberfläche eher stören.

Beim „Philips HR2358/12 Pastamaker" werden beispielsweise acht POM-Matrizen mitgeliefert. Dies variiert jedoch von Modell zu Modell. Vom Hersteller selbst können weitere Matrizen zugekauft werden, z. B. für Spritzgebäck sowie für Muschelnudeln und Paccheri. Außerdem gibt es je nach Vertriebsland noch exklusive Matrizen, welche nur dort erhältlich sind wie die Udon-Matrize in Japan.

Neben den hauseigenen Matrizen von Philips gibt es von externen Herstellern ebenfalls POM-Matrizen und auch Bronze-Matrizen zu kaufen. Diese haben einen kleineren Durchmesser und benötigen deshalb einen zusätzlichen Adapter (bzw. Reduktionsring), um auf den Pastamaker zu passen.

Der Vorteil dieser Matrizen liegt darin, dass sie auch mit anderen Nudelmaschinen funktionieren. Es wird lediglich ein Adapter für die jeweilige Maschine benötigt.

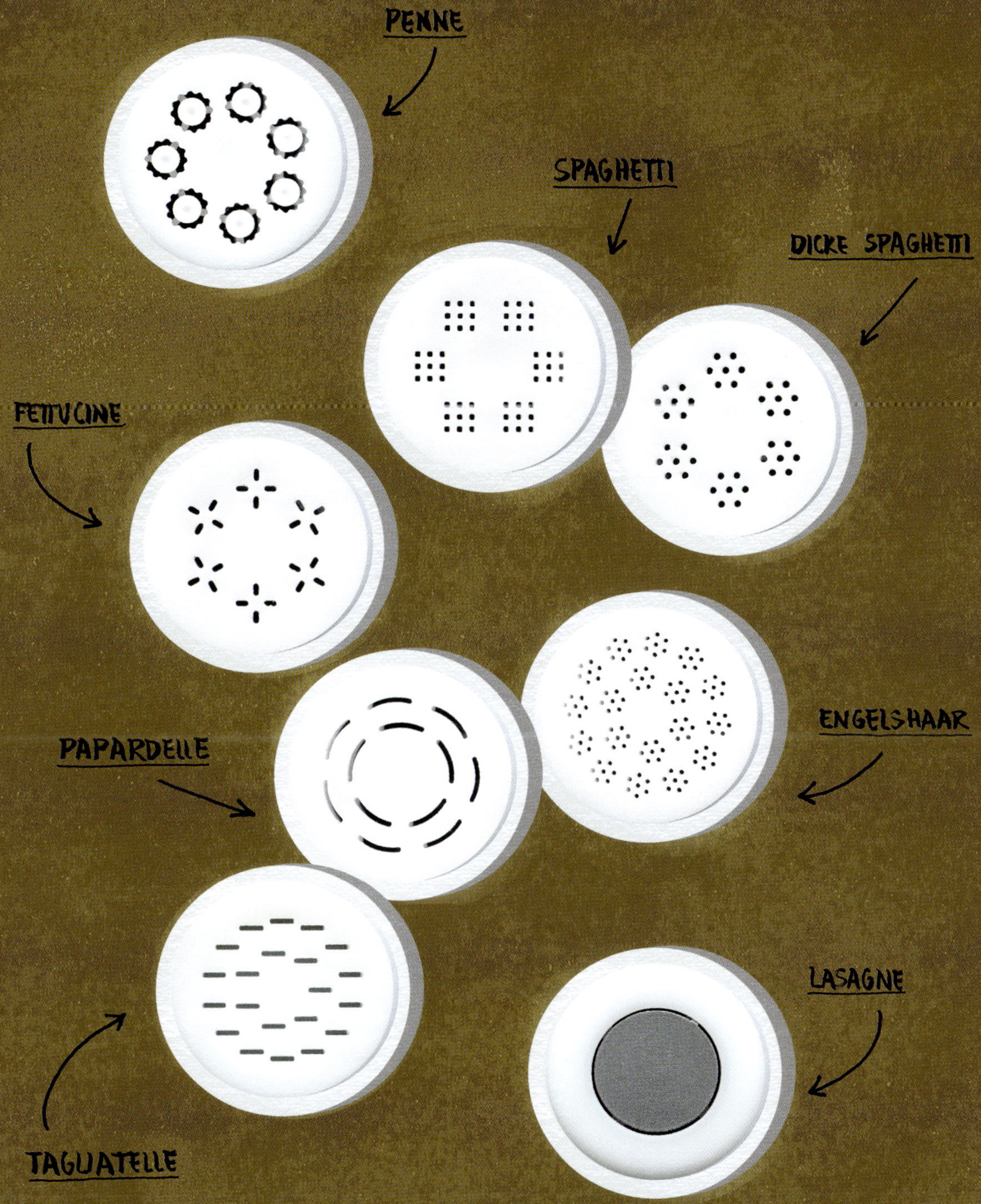
PENNE
SPAGHETTI
DICKE SPAGHETTI
FETTUCINE
ENGELSHAAR
PAPARDELLE
LASAGNE
TAGLIATELLE

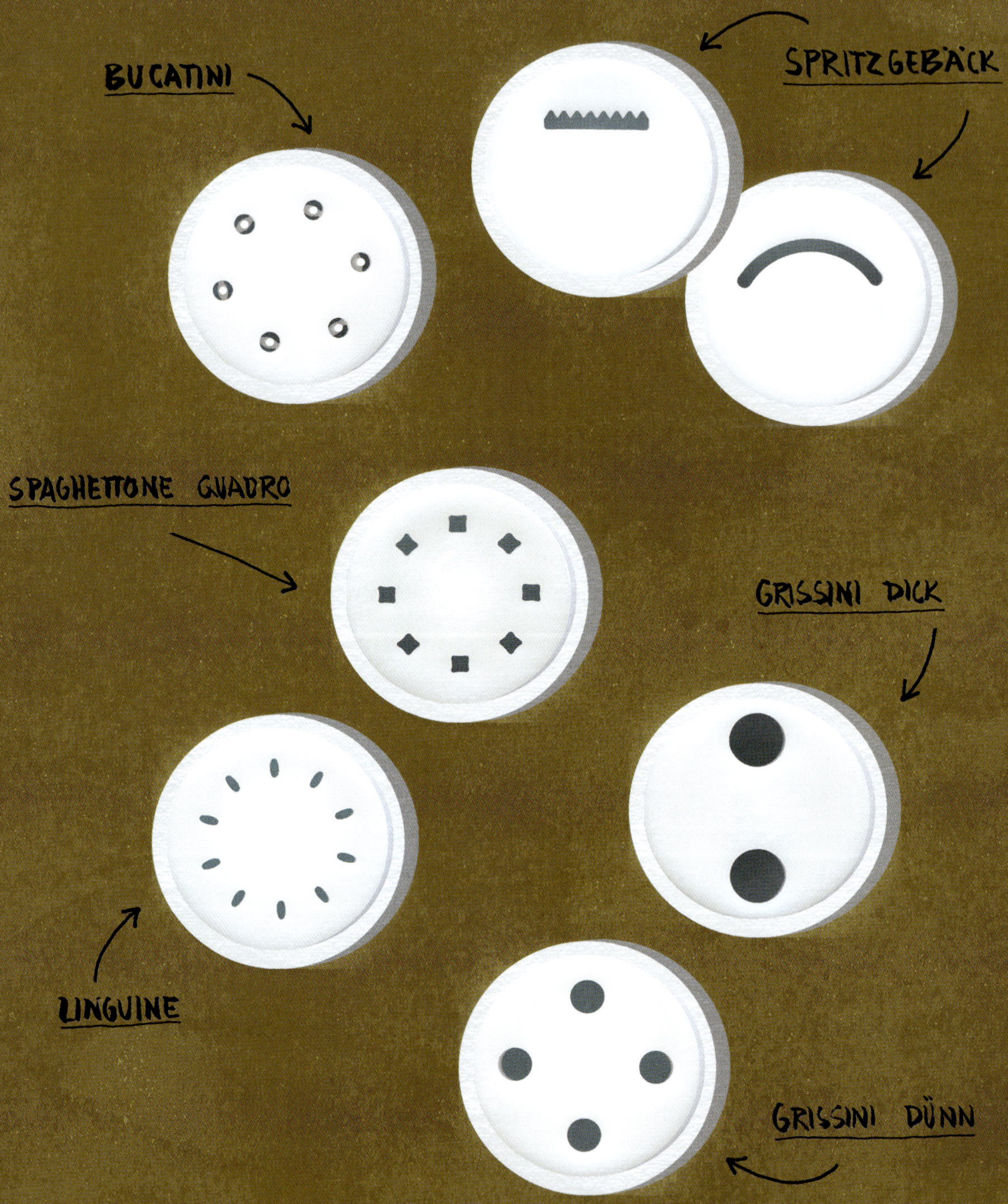
BUCATINI
SPRITZGEBÄCK
SPAGHETTONE QUADRO
GRISSINI DICK
LINGUINE
GRISSINI DÜNN

Es gibt aber auch externe Firmen, die POM-Matrizen herstellen, die keinen Adapter brauchen. Der Nachteil bei diesen Matrizen liegt darin, dass sie nur für eine bestimmte Maschine genutzt werden kann. Bei späterem Umstieg auf eine andere Nudelmaschine, müsste die Matrizen für die neue Maschine neu gekauft werden.

Versuche, Matrizen per 3D-Drucker herzustellen, gibt es ebenfalls. Das ist jedoch ein schwieriges Unterfangen, da lebensmittelechtes Material benötigt wird und nicht der Druck unterschätzt werden darf, den die Nudelmaschine auf die Matrize ausübt.
Es besteht die Gefahr, dass die selbstgemachte Matrize unter zu hohem Druck bricht und dabei die Maschine beschädigt.

Außerdem genügt es nicht, die gewünschte Form einfach hineinzufräsen. Auf der Rückseite, also dem Innenteil einer Matrize, befinden sich komplizierte Fräsungen, welche die Führung des Teiges lenken und z. B. gewellte oder gedrehte Nudeln erzeugen.

Bronze-Matrizen
Wer hochwertige italienische Pasta herstellen möchte, sollte auf Matrizen aus Bronze zurückgreifen. Das Metall hält den Teig wegen seiner leicht rauen Oberfläche zurück, sodass die Nudeln durch die Form gezogen werden. Dadurch entsteht eine raue Oberflächentextur, welche die Soße perfekt aufnimmt.
Dies ist ein sehr traditionelles Verfahren und wird in Italien noch heute so gemacht.

Mit Bronze-Matrizen lassen sich auch besonders komplizierte und feine Nudelformen besser produzieren, da das Material höheren Druck aushalten kann. Die Auswahl an verschiedenen Nudelformaten ist daher viel größer als bei den POM-Matrizen.

POM-MATRIZE

+	Werden beim Gerät mitgeliefert.
+	Zugekaufte Matrizen sind günstiger.
+	Benötigen in den meisten Fällen keinen zusätzlichen Adapter.
+	Nudeln werden sehr schnell durchgepresst.
+	Sehr einfach und schnell zu reinigen.
–	Das Material hält nicht so viel Druck aus, deswegen ist die Auswahl an Pastaformen begrenzt.
–	Der Durchmesser der Nudeln, die aus Original-Matrizen hergestellt werden, ist bei Papardelle oder Penne sehr dick. Die Nudeln erscheinen dadurch dicker.
–	Die Nudeln sind glatter und haben nicht die typisch raue Textur.

BRONZE-MATRIZE

–	Müssen extra zugekauft werden.
–	Bronze-Matrizen sind teurer.
–	Benötigen einen Adapter oder Reduktionsring, damit sie in die Maschine passen.
–	Manche Matrizen sind schwieriger zu handhaben, da sie optimale Teigbedingungen brauchen. Um damit umgehen zu können, benötigt es Erfahrung und Übung.
–	Die Reinigung kann komplizierter sein, dafür gibt es aber gute Tipps (siehe Seite 20).
+	Erzeugen qualitativ sehr hochwertige, italienische Nudeln mit rauer Textur, welche die Soße gut aufnehmen können. Die Nudeln sind sehr fein und delikat.
+	Es gibt unendlich viele Nudelformen, die dazugekauft werden können
+	Bronze-Matrizen können mit anderen Nudelmaschinen, wie Silvercrest oder Fattorina, genutzt werden. Benötigt wird nur der richtige Adapter/Reduktionsring.
+	Sind für die Ewigkeit gemacht.

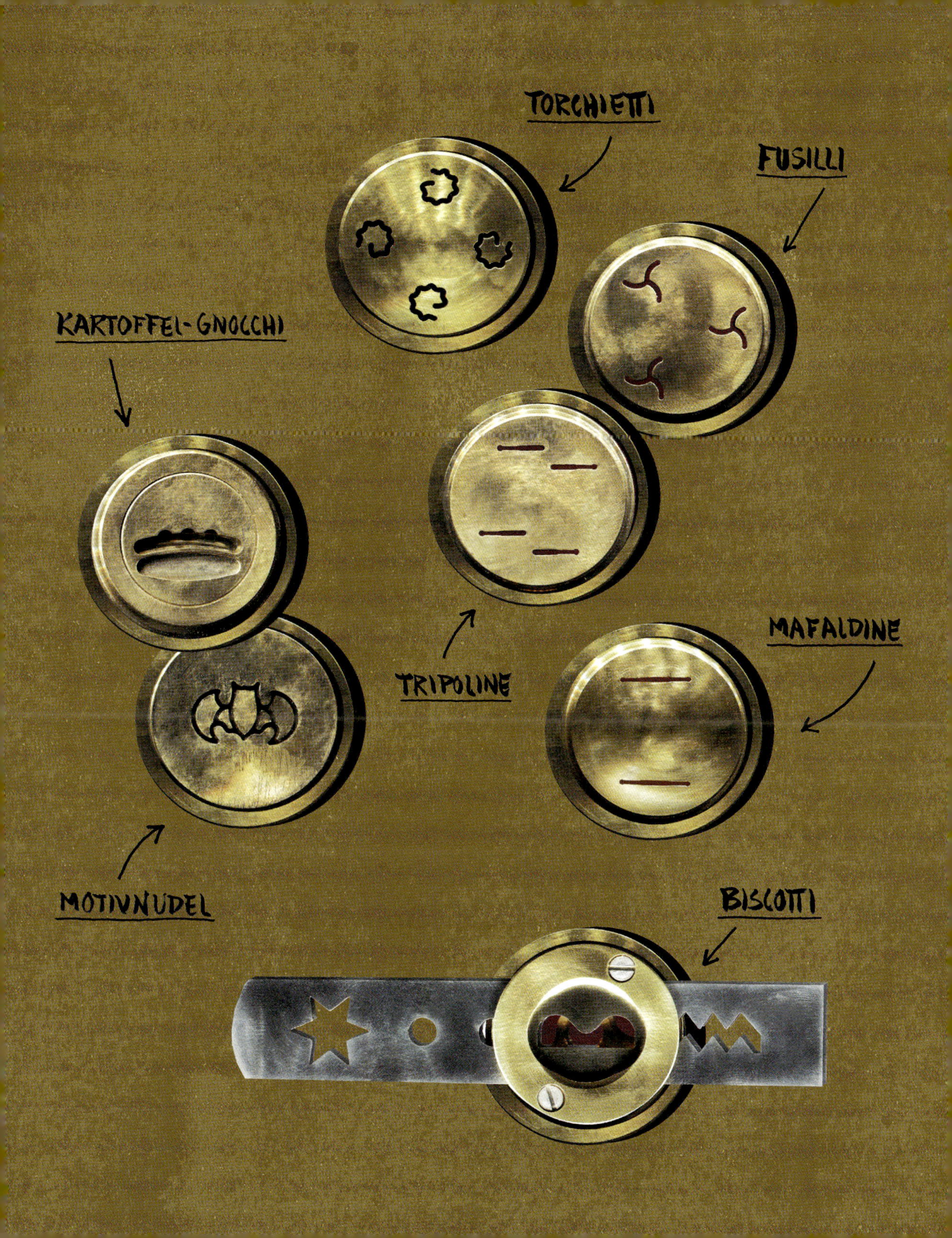
TORCHIETTI
FUSILLI
KARTOFFEL-GNOCCHI
TRIPOLINE
MAFALDINE
MOTIVNUDEL
BISCOTTI

Wie werden POM-Matrizen gereinigt?

Die Matrize grob reinigen und dann den Teig antrocknen lassen. Danach kann die Matrize kräftig auf den Tisch geklopft werden, sodass der trockene Teig abfallen kann. Anstatt den Teig antrocknen zu lassen, können die Matrizen auch eingefroren werden. Für Original Philips-Matrizen gibt es auch mitgeliefertes Werkzeug, womit der Teig aus den Löchern gedrückt werden kann. POM-Matrizen können auch in die Spülmaschine.

Wie werden Bronze-Matrizen gereinigt?

- Bronze-Matrizen sollten sofort gereinigt werden, solange der Teig noch weich ist. Angetrockneter Teig lässt sich sehr schwer entfernen. Den Teig per Hand so gut es geht entfernen. Dann die Matrize in Wasser einweichen und später die Teigreste mit einer feinen Bürste wegschrubben.
- Eine weitere Methode ist, die Matrize in einer Dose mit Wasser zu lagern. Vor erneutem Gebrauch kann die nasse Matrize mit den eingeweichten Teigresten in die Maschine eingespannt werden. Die weichen Teigreste werden dann vom neuen Teig automatisch herausgedrückt.
- Bei manchen Herstellern gibt es auch Bronze-Matrizen mit einer Beschichtung (PVD-Beschichtung). Matrizen mit dieser Beschichtung können regelmäßig in die Spülmaschine. Bronze-Matrizen ohne Beschichtung können ebenfalls ab und zu in die Spülmaschine. Nicht zu oft, sonst können sie sich dunkel verfärben.
- Für komplizierte Matrizen gibt es besonderes Reinigungswerkzeug. Alternativ einfach Dental-Zahnreinigungs-Werkzeug benutzen.

Warum verfärben sich die Bronze-Matrizen dunkel?

Wenn die Matrizen noch nass sind und mit Luft in Berührung kommen, können sie oxidieren und sich dunkel verfärben. Auch, wenn im Nudelteig viel Salz enthalten war, kann dies zu einer Verfärbung führen.
Das ist nicht weiter schlimm und beschädigt die Matrize nicht. Es hilft eine Reinigung mit Klarspüler, Essig oder einer Mischung aus Zitronensaft und Backpulver. Zur Reinigung eine Zahnbürste, einen Schwamm oder einen Putzstein verwenden. Wenn die Matrize sofort nach Reinigung abgetrocknet wird, sollte das Problem nicht auftauchen.

Wie funktioniert der Adapter?

Der Adapter oder Reduktionsring ist dazu da, um die Matrize für die jeweilige Nudelmaschine nutzbar zu machen, da der Durchmesser der Bronzematrizen meist viel kleiner ist als die der Original-Matrizen.

Der Adapter hat die Größe einer Original-Matrize, aber der vordere Teil kann ausgetauscht werden. Die Matrizenhersteller bieten Adapter für unterschiedliche Nudelmaschinen an, so kann dieselbe Matrize für verschiedene Nudelmaschinen verwendet werden.

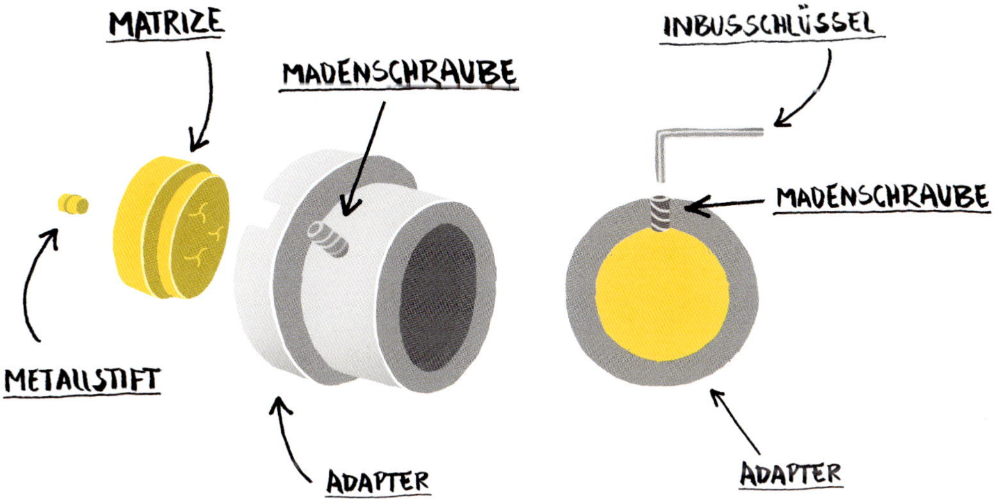

Die Matrize wird in den Adapter hineingesteckt und über eine kleine Madenschraube befestigt. Zusätzlich zu der Matrize wird auch noch ein kleiner Metallstift, meist aus POM oder auch aus Bronze, mitgeliefert. Dieser wird ebenfalls hinten in die Matrize gesteckt. Der Metallstift ist das Verbindungsstück zwischen Knethacken und Matrize und verhindert, dass dieser herumeiern kann. Je nach Hersteller kann der Adapter vom Aufbau her etwas variieren und manchmal wird kein Metallstift benötigt.

Welche Matrize gilt als besonders schwierig?

Viele Nudelsorten, die sich drehen sollen wie Fusilli oder Funghi, sind schwieriger. Sie drehen sich nur bei optimalen Teigbedingungen. Mafalde werden sehr langsam herausgepresst, wenn der Teig nicht opitmal ist und Motivnudeln können brechen oder sich verformen.

MEHLSORTEN

Im Prinzip kann jedes Mehl zum Herstellen von Nudeln benutzt werden. Es kommt immer auf den eigenen Geschmack an und natürlich auch den gewünschten Grad traditioneller Zubereitung. Den einen richtigen Nudelteig gibt es selbst in Italien nicht, da das stark von der Region und der Nudelsorte abhängig ist.
Auf den folgenden Seiten zähle ich gängige und auch einige eher ungewöhnliche Mehle auf, die in der Nudelherstellung verwendet werden.

Das richtige Mehl für italienische Pasta
Grundsätzlich wird zunächst zwischen dem Weichweizenmehl und dem Hartweizenmehl unterschieden, beide werden aus zwei verschiedenen Weizensorten gewonnen. Das Weichweizenmehl ist das in Deutschland herkömmliche Weizenmehl, welches für Brot und Kuchen verwendet wird.

Es gibt davon unterschiedliche Sorten von weißem Mehl bis zu Vollkornmehl. Zur Herstellung von traditionellen Eiernudeln Eiernudeln wird das Pastamehl tipo 00, es ist besonders fein gemahlenes Weichweizenmehl. Hartweizen ist als Hartweizengrieß zu bekommen, hat einen hohen Glutenanteil und eignet sich deswegen besonders für die Herstellung von frischer Pasta ohne Ei oder von getrockneter Pasta. Es gibt verschiedene Feinheitsgrade, am meisten wird der doppelt gemahlene Hartweizengrieß genutzt.

Je nach Region werden aber auch andere Mehle für Pasta verwendet wie Buchweizenmehl, Maronenmehl, Hafermehl, Kichererbsenmehl, Reismehl oder Maismehl. Hartweizenmehl lässt sich auch gut mit anderen Mehlsorten mischen.

TIPP

Wenn von Hartweizengrieß die Rede ist, kann auch die doppelt gemahlene Variante oder Dinkelgrieß genommen werden. Vollkornmehle benötigen allerdings 5 bis 10 ml mehr Flüssigkeit als im Rezept angegeben. Anstatt des normalen Weichweizenmehls kann auch helles Dinkelmehl oder Vollkornmehl verwendet werden.

Bei Mehl aus kleinen Manufakturen oder Mühlen, sollte darauf geachtet werden, dass das Mehl fein genug ist für die Maschine. Besonders Hartweizengrieß oder Dinkelgrieß könnten gröber ausfallen, sodass es bei den feineren Bronze-Matrizen zu Schwierigkeiten kommen kann.

Das richtige Mehl für ostasiatische Nudelsorten

Mie-Nudeln, chinesische Handpulled-Nudeln, Udon, Somen oder Ramen bestehen aus herkömmlichem Weichweizenmehl, Salz und Wasser. Bei Mie-Nudeln und Ramen können auch Eier und andere Mehlsorten dazugegeben werden. Sobanudeln bestehen traditionell aus einer Mischung aus Buchweizenmehl, Weichweizenmehl und Wasser.

Nudeln aus Reismehl bestehen entweder aus purem, feingemahlenem Reismehl oder werden mit Tapiokastärke oder anderer Stärke gemischt. Durchsichtige Nudeln wie z. B. chinesische oder koreanische Glasnudeln bestehen aus Stärke wie Mungobohnenstärke, Kartoffelstärke oder Süßkartoffelstärke. Transparente Dumplings bestehen zum Großteil aus Weizenstärke.

Nicht jede dieser Nudelsorten lässt sich mit dem Pastamaker herstellen. Der Teig ist entweder zu flüssig (wie bei Spätzleteig) oder muss speziell geknetet werden, was der Pasta Extruder nicht leisten kann.

Wieviel Mehl wird für eine Nudelportion benötigt?

250 g Mehl ergeben ungefähr 300 g frische Nudeln. Diese Menge reicht für zwei mittelgroße Portionen. Bei Ramennudeln sind es 140 g Mehl pro Person.

HARTWEIZENGRIEß

Damit ist herkömmlicher Hartweizengrieß aus dem Supermarkt gemeint. Er eignet sich hervorragend zur Herstellung von Pasta und wird auch in der Industrie in den großen Pastamaschinen eingesetzt. Der herkömmliche Hartweizengrieß ist die günstigste Option, um Pasta zuhause herzustellen und ist überall leicht erhältlich. Beim Kauf darauf achten, dass nicht aus Versehen Weichweizengrieß im Einkaufskorb landet, dieses wird vor allem für Süßspeisen verwendet und hat weniger Biss.

SEMOLA di GRANO DURO

Die italienische Bezeichnung für einfach gemahlenen Hartweizengrieß. Dieser Grieß ist vergleichbar mit dem herkömmlichen Hartweizengrieß aus dem Supermarkt. Bei Biosorten oder speziellen italienischen Marken kann es qualitative und geschmackliche Unterschiede geben.

SEMOLA di GRANO DURO

RIMACINATA

Das ist doppelt gemahlener Hartweizengrieß und deswegen besonders fein. Sie ist die gängigste Semola-Variante, um sehr feine, frische Pasta herzustellen. Dieser Hartweizengrieß wird vor allem für hochwertige Pasta aus dem Extruder benutzt. Auch hier gibt es je nach Marke qualitative und geschmackliche Unterschiede.

SEMOLA di GRANO DURO

INTEGRALE RIMACINATA

Hierbei handelt es sich um Vollkorn-Hartweizengrieß zur Herstellung von Vollkornnudeln. Alternativ kann es auch mit Dinkelgrieß oder Dinkelvollkorngrieß ersetzt werden.

FARINA TIPO 00 FÜR PASTA

Dieses Mehl ist das am meisten verwendete Weichweizenmehl bei der Pasta-Herstellung, vor allem für Pasta mit Ei und frische Gnocchi verwendet. Es ist von den Eigenschaften so ähnlich wie das Weizenmehl Type 405, nur ist es viel feiner gemahlen. Es kann im Notfall mit Weizenmehl Type 405 oder Type 550 ersetzt werden.

Beim Kauf unbedingt auf die Beschreibung oder die Abbildungen auf der Mehlpackung achten. Es gibt verschiedene Sorten Mehl tipo 00, da diese Bezeichnung streng genommen nur den Feinheitsgrad des Mehls beschreibt. In Deutschland lassen sich hauptsächlich zwei verschiedene Mehle vom tipo 00 finden, das eine ist speziell für Pasta, das andere für Pizza und Brote. Letzteres macht die Pasta sehr starr und weniger seidig. Dies ist bei handgeformten Nudeln nicht erwünscht, da es so schwieriger ist Ravioli und andere Teigtaschen zu formen. Ebenso ist das Manitoba-Mehl (besonders glutenreiches Weizenmehl) für die Pastaherstellung ungeeignet und sollte nur für Pizza und andere Gebäcke verwendet werden.

WEIZENMEHL TYPE 405

Das gängigste Mehl zur Herstellung von asiatischen Nudeln, sowie zur Herstellung von deutschen Eierteigwaren. Es ist ein Ersatz für das italienische tipo 00 Mehl.

Nudeln aus reinem Weizenmehl können beim Kochen eine leichte Stärkeschicht bekommen. Aus diesem Grund werden z. B. japanische Udonnudeln, die ja nur aus Weizenmehl und Salz bestehen, traditionell nach dem Kochen gründlich unter fließendem Wasser gewaschen, bevor sie weiterverwendet werden. Ramennudeln werden mit Speisestärke gemehlt, diese fällt beim Kochen einfach ab, sodass die Nudeln weniger mehlig sind. Die Nudeln werden nicht abgewaschen, damit die dickflüssige Brühe besser an ihnen haften kann.
Deshalb hat die Stärkeschicht auch seine Vorteile. Insbesondere bei kräftigen, sehr fettigen Soßen wie Sahne- oder Käßesoßen hilft die Stärke die Soße zu binden und cremiger zu machen. Für Pastasoßen wie Cacio e Pepe wird sogar eine extra Handvoll Hartweizengrieß in das Kochwasser gegeben, um später damit eine cremigere Soße zu erhalten.

WEIZENMEHL TYPE 550

Der Unterschied zu Type 405 ist nur sehr gering. Type 550 ist griffiger und hat allgemein einen höheren Mineralstoffgehalt als Type 405. Das Mehl ist einen Tick dunkler und weniger fein.

BREAD FLOUR

Kräftiges, glutenreiches Weichweizenmehl, welches für Ramen und Mie-Nudeln verwendet wird. Kann mit Pizzamehl tipo 00 oder Weizenmehl Type 812 ersetzt werden. Es kann aus Weizenmehl Type 550 und Type 1050 im Verhältnis 60:40 angemischt werden.

DINKELMEHL TYPE 630

VOLLKORNMEHL DINKEL

DINKELDUNST

Dinkel gilt als gesündere Alternative zu Weizen, es gehört auch zu den Urkorngetreidearten. Dinkel ist bei bestimmten Allergien verträglicher als Weizen. Es schmeckt nussig und süß. Weichweizenmehl kann eins zu eins mit Dinkelmehl ersetzt werden. Es benötigt jedoch in der Regel etwas weniger Flüssigkeit. Dinkeldunst und Dinkelvollkorn machen sich geröstet sehr gut in Ramennudeln.

DINKELGRIEß

DINKELGRIEß VOLLKORN

Dinkelgrieß ist eine gute Alternative zu Hartweizengrieß. Beim Kauf darauf achten, dass es fein genug für die Maschine gemahlen wurde.

SPÄTZLEMEHL

Dieses Mehl ist gröber als das normale 405er Mehl, aber feiner als Weizengrieß. Manchmal ist Hartweizengrieß beigemischt. Es eignet sich ebenfalls zur Nudelherstellung und ist besonders in Kombination mit frischen Eiern lecker. Geschmacklich wird es aber eher "deutsch" schmecken und passt daher besser zu deutschen Nudelgerichten wie typischen Schinkennudeln oder Maultaschen.

VOLLKORNMEHL WEIZEN

Nudeln mit purem Vollkornmehl herzustellen ist zwar möglich, jedoch Geschmackssache, da die Nudeln nicht so elastisch und eher mürbe sind. Eine gute Alternative wäre Vollkorn-Hartweizengrieß, dieser hat mehr Biss und ist elastischer. Anstatt Vollkornmehl pur zu verwenden, kann es mit anderem Mehl und Grieß gemischt werden.

Diese Mehle eignen sich gut zum Aromatisieren. Ein gutes Mischungsverhältnis wäre 1/3 oder 1/4 in Kombination mit Weizenmehl oder Hartweizengrieß.

ROGGEN

Roggenmehl wird hauptsächlich zum Brotbacken und selten pur für Pasta verwendet. Speziell bei der Herstellung von Ramennudeln wird gerne ein kleiner Anteil Roggen-, Dinkel- oder Vollkornmehl zum Teig hinzugefügt. Auch gibt es in der Gastronomie den Trend zu Pasta aus fermentiertem Roggenmehl. Das Fermentieren macht das Mehl nicht nur bekömmlicher, sondern gibt der Pasta auch neue Geschmacksnuancen. Es gibt auch Experimente mit Pasta aus Sauerteig, welcher aus verschiedenen Mehlsorten angesetzt wird.

EINKORN

Dieses Getreide stammt vom wilden Weizen ab und gehört wie Dinkel und Emmer zu den Urkorngetreidearten. Es hat einen kräftigen malzigen Geschmack.

EMMER

Diese, in Italien auch Farro genannte Sorte, ist eine der ältesten Getreidearten der Welt. Es kann komplett wie Weichweizenmehl verwendet werden. Emmer mit einem Teil Weichweizenmehl oder Dinkel mischen, da es sehr kräftig schmeckt.

KAMUT

Kamut, auch Khorasan genannt, ist eine alte Weizensorte und ein natürlicher Hybrid aus Hartweizen und wildem Weichweizen. Der Geschmack ist mild und nussig.

Glutenfreie Mehle

Glutenfreie Mehle können pur verwendet oder miteinander vermischt werden, um die Konsistenz der Nudeln zu verbessern. Sie benötigen jedoch Bindemittel in Form von heißem Wasser, Xanthan oder Ei. Es lässt sich auch mit glutenhaltigen Mehlen mischen und z. B. kann ein Drittel oder ein Viertel von Hartweizengrieß oder Weichweizenmehl mit glutenfreiem Mehl ersetzt werden. Dabei ist zu beachten, dass sich die benötigte Flüssigkeitsmenge verändern kann.

MARONENMEHL

BUCHWEIZENMEHL

Sowohl Maronenmehl als auch Buchweizenmehl sind in westlichen und asiatischen Nudeln zu finden. Sie geben dem Nudelteig ein nussig-süßes Aroma. Beide Mehle sollten mit Weizenmehl vermischt werden. Da ihnen das Gluten zur Bindung fehlt, würde der Teig sonst brüchig werden.

LINSENMEHL

KICHERERBSENMEHL

ERBSENMEHL

Obwohl diese Mehle glutenfrei sind, lassen sie sich erstaunlich gut im Pastamaker ohne Zugabe von Zusatzstoffen zu Nudeln verarbeiten. Die Zugabe von Ei oder anderen Bindemitteln kann jedoch die Textur verbessern, damit sie elastischer werden.Sowohl Linsenmehl als auch Erbsenmehl lassen sich am günstigsten selber aus getrockneten Saaten mahlen. Kichererbsenmehl gibt es auch in gut sortierten Asialäden.

MAISMEHL

Maismehl ist ein großer Bestandteil glutenfreier Pasta. Es sollte am besten mit anderen Mehlsorten wie Reismehl und Stärke gemischt werden, um eine bessere Textur zu erzielen.

REISMEHL

Die Herstellung von asiatischen Reisnudeln im Pastamaker ist kompliziert und benötigt die richtige Technik. Reismehl und Klebreismehl können in kleinen Mengen mit Weizenmehl oder Stärke kombiniert werden, um spezielle Mehlmischungen zu erzielen. In gut sortierten Feinkostgeschäften gibt es auch Vollkornreismehl zu kaufen.

SPEISESTÄRKE

Wird vor allem bei der Zubereitung von Gnocchi, Ramennudeln und allerlei glutenfreien Nudeln benötigt.

TAPIOKASTÄRKE

Stärke, die aus der Maniokwurzel gewonnen wird. Sie wird oft mit Reismehl kombiniert, um elastischere Nudeln herzustellen.

HANFMEHL

HASELNUSS GEMAHLEN

WALNUSS GEMAHLEN

SESAM GEMAHLEN

Diese Saaten werden in feingemahlener Form zum Aromatisieren in kleinen Mengen zum Mehl gegeben. Meist 2 bis 3 EL auf 250 g Mehl.

Bindemittel

Bindemittel werden eingesetzt, um den Nudelteig zusätzlich zu stabilisieren. Bei ihnen handelt es sich allerdings um Zusatzstoffe, also E-Nummern. Die sind zwar nicht generell schädlich, sollten aber bei einer Zutatenangabe immer deklariert werden. Bindemittel können auch unerlässlich werden, z. B. bei Glutenunverträglickeit oder wenn für den Teig kein Ei verwendet werden soll.

GLUTENPULVER

Glutenpulver lässt sich in Reformhäusern oder Bioläden finden. Es ist auch unter dem Namen Seitan-Fix bekannt. Seitan ist eine vegane Fleischalternative aus reinem Weizeneiweiß. Gluten wird auch in einigen Ramennudelrezepten verwendet. Nudeln mit höherem Glutengehalt sind stabiler, steifer und werden in heißer Brühe nicht so schnell weich. Diese Eigenschaft ist bei Ramennudeln besonders gewünscht.

JOHANNISBROTKERNMEHL

Wird in Kombination mit Glutenpulver oft zum Stabilisieren von getrockneten Nudeln verwendet. 1 TL Johannisbrotkernmehl auf 250 g Mehl sind ausreichend.

XANTHAN

Ein gutes Bindemittel speziell für glutenfreie Nudeln. Ein gehäufter Teelöffel auf 250 g Mehl genügen, um Nudeln aus Reismehl, Maronenmehl und Co herzustellen. Dieses Bindemittel ist auch unter dem Namen Xanthan-Gum bekannt. Beim Kauf unbedingt darauf achten, dass es für Lebensmittel geeignet ist.

VOLLEI
EIWEIß

Hühnereier sind ein gutes natürliches Bindemittel und stabilisieren glutenfreie Mehle wie Linsenmehl oder Kichererbsenmehl perfekt. Ohne Eigelb, also bei ausschließlicher Verwendung des Eiweißes, lässt sich die Stabilität noch erhöhen. Das hilft auch den zerbrechlichen Nudelformen, wie Motiv-, Hohl- und dünnen langen Nudeln, ihre Form zu wahren.

FLOHSAMENSCHALEN
LEINSAMEN

Diese Bindemittel haben eine nicht ganz so starke Bindung und werden meist mit anderen Bindemitteln kombiniert. Flohsamenschalen und Leinsamen enthalten außerdem gute Ballaststoffe

NUDELN FÄRBEN / AROMATISIEREN

Nudeln zu färben und zu aromatisieren macht Spaß! Sie heben sich auf den ersten Blick von gekauften Nudeln ab, darum werden sie gern verschenkt oder zu besonderen Anlässen serviert.

Bei aromatisierten Nudeln liegt die Schwierigkeit darin, eine passende Soße zu finden, die auch wirklich mit dem Geschmack der Nudeln harmoniert. Manchmal ist es besser, die Aromen direkt in die Soße zu geben, da sonst die Gefahr besteht, dass das Aroma beim Kochen verfliegt oder wegen der Soße nicht durchkommt. Eine mögliche Kombination, um sowohl Farbe als auch Geschmack der Nudeln hervorzuheben, wäre die Zugabe einer leichten und hellen Soße. Es könnten aber auch zwei gegensätzliche Geschmacksnoten kombiniert werden, wie z. B. süßliche Nudeln mit einer würzig-scharfen Soße oder eine Geschmacksrichtung verstärkt werden durch Verwendung desselben Aromas in Nudeln und Soße.
Trockene Zutaten werden dem Mehl beigemischt. Bei kleinen Mengen muss die Flüssigkeitsmenge nicht korrigiert werden. Bei mehr als einem Teelöffel sollte der Anteil von der Gesamtmehlmenge abgezogen werden. Flüssige Zutaten oder Pürees können eins zu eins die benötigte Flüssigkeitsmenge im Rezept ersetzen. Ist das Püree zu dickflüssig, kann etwas mehr Flüssigkeit hinzugegeben werden.

TIPP

Natürliche Färbemittel können nach dem Kochen aufhellen. Je kürzer die Kochzeit ist, desto besser halten die Farben. Eine weitere Alternative zum Färben von Nudeln ist, diese direkt in färbendes Wasser zu geben. Beispielsweise können die Nudeln mit Rote Bete oder Rotkohl zusammen gekocht werden. Außerdem lassen sich Nudeln auch mit Lebensmittelfarbe färben. Dafür die Farbe in Wasser auflösen, bis die Farbintensität gefällt.

So entsteht bunte Regenbogen-Pasta: Einfach mit derselben Matrize mehrere Nudel-Durchläufe mit verschiedenen Farben machen und später gut mischen.

ROT

Tomatenmark: *1 bis 2 EL auf 250 g Mehl. Ergibt eine schöne rote Farbe, kann mit anderen rötlich färbenden Zutaten, wie Chili, Harissa oder Rote Bete, kombiniert werden.*

Chili: *Getrocknete oder frische Chili am besten fein gemahlen oder püriert. Bei Chilipasten wie z. B. Siracha aufpassen, da einige auch viel Säure enthalten und die Teigkonsistenz bei zu hoher Dosis negativ verändern können.*

Paprikapulver: *1 EL auf 250 g Mehl. Ergibt einen hellroten bis orangenen Farbton.*

Harissa: *1 EL Harissa auf 250 g Mehl. Diese scharfe Chilipaste ergibt einen knalligen Orangeton.*

Rotwein: *Komplette Wassermenge kann mit Rotwein ersetzt werden. Am besten eignet sich ein süßlicher, kräftiger Rotwein.*

GRÜN

Spinat: *1 Handvoll oder 50 g für 250 g Mehl. Das Gemüse entweder frisch mit Ei pürieren oder zuerst blanchieren, danach pürieren und durch ein Sieb streichen. Es gibt auch getrocknetes Spinatpulver zu kaufen. Davon werden zwei Teelöffel pro 250 g benötigt.*

Weiteres grünes Blattgemüse: *Brennnessel, Rucola, Pak Choi, Wirsing, Grünkohl, Karottengrün können ebenfalls statt Spinat genommen werden. Sehr harte Sorten, wie Wirsing oder Grünkohl, werden vorher blanchiert. Dafür dem Kochwasser am besten etwas Salz und einen halben Teelöffel Natron hinzugeben, damit die Farbe kräftiger erhalten bleibt.*

Kräuter: *Eine Handvoll frischer oder 2 EL getrocknete Kräuter bei 250 g Mehl. Basilikum, Petersilie, Salbei, Bärlauch, Rosmarin, Thymian, Majoran, Oregano, Fenchelgrün, Dill, Schnittlauch, Frühlingszwiebeln oder Koriander können einfach im frischen Zustand fein püriert oder im getrockneten Zustand gemahlen dazugegeben werden.*

Matcha (Grünteepulver): *Der feinherbe japanische Tee ist von Haus aus ein grünes Pulver. Für das Aromatisieren von Nudeln sollte ein Koch-Matcha verwendet werden, da er günstiger ist und ein herberes Aroma hat, was später nach dem Kochen besser hervorsticht. Besonders japanische Nudeln wie Soba, Udon oder Ramen werden gerne mit Matcha aromatisiert.*

Spirulina-Alge: *1 TL auf 250 g Mehl. Das Pulver hat eine sehr starke färbende Wirkung.*
Die grüne Spirulina-Alge erzeugt einen Ton, der an Nadelholz erinnert. Blaue Spirulina-Algen sind knallig ozeanblau.

GELB / ORANGE

Currypulver: *0,5 bis 1 TL für 250 g Mehl. Currypulver verleiht den Nudeln ein würziges Aroma und kann mit anderen Gewürzen kombiniert werden.*

Kurkuma und Safran: *Trocken und fein gemahlen, ½ TL oder weniger für 250 g Mehl. Ergibt schon bei kleinen Mengen einen schönen natürlichen Gelbton, sodass auch Nudeln ohne Ei ein sattes Gelb erhalten.*

Vitamin B20: *1 Prise für 250 g Mehl. Wird zur Gelbfärbung von Ramennudeln verwendet. Ramen lassen sich nicht mit Kurkuma färben, da das in den Nudeln enthaltene Kaliumkarbonat chemisch reagiert und einen orangenen Farbton erzeugen würde.*

Eigelb: *Hochwertige Bioeier von Hühnern, die vor allem mit Mais gefüttert werden, ergeben eine sattgelbe, fast orangene Farbe. Die Farbe des Teiges wird intensiver, wenn das Eiweiß im Teig weggelassen wird und die ganze Flüssigkeit nur aus Eigelb besteht. Nudelteig, der nur mit Eigelb verarbeitet wird ist allerdings nicht ganz so reissfest und sollte nicht für gefüllte Nudeln verwendet werden.*

Zitronenabrieb, Orangenabrieb: *Sie geben dem Teig kleine gelbe und orangene Punkte und ein frisches Aroma, welches sich gut mit z. B. Basilikum, Chili oder Salbei kombinieren lässt. Alles sollte möglichst fein gemahlen werden, sonst kann die Matrize verstopfen.*

Kürbis und Süßkartoffel: *Vor allem die Schale von Hokkaidokürbis ergibt einen schönen orangenen Ton. Das Gemüse sollte vorher gekocht und fein püriert werden. Kürbis ist am besten zum Aromatisieren von Gnocchi geeignet.*

PINK / LILA / BLAU

Rote Bete: *2 TL auf 250 g Mehl. Als Saft, als Püree oder auch in getrockneter Form erhältlich. Rote Bete lässt sich mit Heidelbeeren oder Paprika kombinieren, um andere Rottöne zu erzielen.*

Rotkohl: *2 bis 3 TL auf 250 g Mehl. Ähnlich wie Rote Bete hat dieses Gemüse eine starke Färbekraft. Am besten funktionieren frisch gepresster Saft oder schonend getrocknete, gemahlene Blätter.*

Heidelbeere: *1 Handvoll für 250 g Mehl. Frisch gepresste oder pürierte Blaubeeren ergeben einen dunklen graublauen Teig.*

Blautee: *Die getrocknete Blüte der Schmetterlings-Erbse erzeugt eine tiefblaue Farbe. Der Tee kann mit heißem Wasser aufgegossen oder auch fein gemahlen und dann zum Mehl gegeben werden. Etwas Natron im Kochwasser intensiviert die Farbe.*

BRAUN

Kakao, Kaffee: *1 bis 2 EL auf 250 g Mehl. Entweder Instant-Kaffee-Pulver benutzen oder frischen Espresso brühen und die Flüssigkeit verwenden. Süße Nudeln können mit herzhaften Ragouts serviert oder zu Desserts verarbeitet werden wie z. B. Ravioli mit süßer Füllung.*

Steinpilzpulver: *1 bis 2 EL auf 250 g Mehl. Wer ein Dörrgerät besitzt, kann das getrocknete Pilzpulver auch selber herstellen.*

Röstzwiebeln: *2 EL auf 250 g Mehl. Am besten nochmal fein mahlen. Stattdessen kann auch getrocknetes Zwiebelpulver verwendet werden, um Zwiebelaroma zu erhalten.*

Dunkles Mehl, Saaten und Nüsse: *Um mehr Textur und Farben zu erzeugen können auch verschiedene dunkle Mehlsorten und Saaten wie z. B. Vollkornmehl, Maronenmehl, Hanfsamen, gemahlener Mohn oder Buchweizenmehl verwendet werden. Auch gemahlene Nüsse wie Walnuss oder Haselnuss sind möglich. Man kann 2 bis 3 EL durch dunklere Mehle ersetzen. Es gibt auch Rezepturen, wo 1/3, 1/2 oder 1/4 der Gesamtmehlmenge ersetzt werden können. Das Anrösten des Mehls oder der Saaten erzeugt nochmal interessanteren, intensiveren Geschmack.*

SCHWARZ

Sepiatinte: *4g (1 kleines Päckchen) Tinte für 250 g Mehl. Diese Tinte gibt es im Feinkostgeschäft. Sie hat ein leicht salziges, fischiges Aroma.*

Aktivkohle: *2 TL für 250 g Mehl. Erzeugt eine tiefschwarze Farbe und ist die vegane Alternative zu Sepiatinte. Etwas gemahlene Nori-Algen zugeben, um fischigeren Geschmack zu erhalten.*

Schwarzer Sesam: *2 bis 3 EL für 250 g Mehl. Kann genauso dosiert werden wie andere aromagebende Saaten und Nüsse. Geröstet und fein gemahlen entwickelt schwarzer Sesam ein erdiges Aroma und färbt die Nudeln dunkelgrau.*

Nori-Algen: *2 bis 3 Blätter auf 250 g Mehl. Nori sind Algenblätter, die zur Zubereitung von Sushi verwendet werden. Die Blätter einfach im Mixer fein mahlen.*

Schwarzer Pfeffer: *1 bis 2 TL auf 250 g Mehl. Fein gemahlen oder auch etwas gröber gemahlen, gibt Pfeffer den Nudeln eine schöne Sprenkeloptik. Er lässt sich gut mit unterschiedlichen Kräutern und Gewürzen kombinieren.*

WEIß

Milch, Sahne: *Im gleichen Verhältnis zueinander mischen und komplett mit der normalen Flüssigkeit ersetzen. Keine Eier verwenden, höchstens Eiweiß, damit eine helle, weiße Farbe entsteht.*

Tofu: *Besonders weicher Tofu kann ebenfalls fein püriert und anstatt Wasser oder Ei verwendet werden.*

Käse: *Fein geriebener Parmesan und andere Käsesorten kann zum Aromatisieren von Gnocchi verwendet werden.*

Weitere Aromen: *Trüffel, Sesamöl, Baconfett, Olivenöl, Albaöl, Chiliöl, Fenchel, Ingwer, Likör, Bier (wird genauso verwendet wie Rotwein). Jeweils nur 1 EL Öl auf 250 g Mehl verwenden, zu viel Öl macht die Nudeln brüchig.*

Für ganz verrückte Nudelkreationen kann essbarer Glitzer oder Goldstaub zum Mehl gegeben werden.

TEIG MEHRMALS KNETEN / RUHEN LASSEN

Generell ruht Nudelteig, damit sich das Gluten besser entfalten kann. Das gilt auch beim Brotbacken. Der Teig wird danach geschmeidiger und lässt sich besser verarbeiten. Außerdem wird er elastischer und bricht weniger, sowohl beim Herausgeben als auch beim Kochen. Gerade bei langen Nudeln ist diese Eigenschaft essentiell.
Es ist aber nicht bei allen Rezepten notwendig wie bei Gnocchi oder bei glutenfreien Teigen.

Wie lange soll Nudelteig ruhen?
20 bis 30 Minuten Ruhezeit sind in einem Pasta Extruder ideal. Der Teig kann sonst austrocknen, wenn er zu lange in der Maschine liegt.
Falls der Teig separat vom Pastamaker zubereitet oder er zum Ruhen aus der Maschine genommen wurde, kann er auch über Nacht im Kühlschrank gelassen werden. Den Teig hierfür luftdicht verpacken.

Wieso sollte Teig länger geknetet werden?
Die vorprogrammierte Knetzeit des Pastamakers beträgt drei Minuten.
In dieser kurzen Zeit können vor allem Mehlsorten wie grober Hartweizengrieß die Feuchtigkeit nicht optimal aufnehmen. Auch größere Mengen Teig sollten länger geknetet werden, damit sich die Flüssigkeit besser verteilen kann. 6 bis 7 Minuten sind gute Richtwerte. Beim Pastamaker reicht es deswegen die Knetdauer zu verdoppeln.

Ältere Pastamaker-Maschinen verfügen über keinen Ausschalt-Knopf. Um die Maschine auszuschalten muss der Stecker gezogen werden. Es gibt auch Modelle ohne eingebaute Waage, dann wird das Mehl separat abgewogen.

Pastamaker der neueren Generation verfügen direkt über einen Ein- und Ausschaltknopf im Tastenfeld. Statt den Stecker ziehen, einfach den Ein- und Ausschaltknopf drücken.

TEIG NACH DEM KNETEN RUHEN LASSEN UND SOFORT AUSGEBEN

Maschine einschalten und die trockenen Zutaten hinzugeben.

Maschine starten und Flüssigkeit langsam hinzugeben.

Kurz bevor die dreiminütige Knetzeit abläuft auf Pause drücken. Teig in der Maschine so lang wie nötig ruhen lassen (ca. 20 Minuten).

Nach Ablauf der Ruhezeit wieder den Start-Knopf drücken, dann läuft das Programm zuende und die Maschine gibt den Teig sofort aus.

TEIG SOFORT AUSGEBEN

Wird diese Taste gedrückt, wird der Teig ohne vorheriges Kneten sofort ausgegeben. Dieser Vorgang kann unendlich wiederholt werden, sodass der Restteig weiterhin ausgeben wird.

TEIG MEHRMALS KNETEN UND DANN AUSGEBEN

Maschine einschalten und die trockenen Zutaten hinzugeben.

Maschine starten und Flüssigkeit langsam hinzugeben.

Kurz bevor die dreiminütige Knetzeit abläuft auf Pause drücken. Danach die Maschine abschalten oder den Stecker ziehen.

Maschine wieder per Knopf einschalten oder den Stecker einstecken. Sofort den Start-Knopf für mehrere Sekunden gedrückt halten. Die Maschine knetet wieder drei Minuten lang und gibt danach aus, ohne vorher zu wiegen.

Je nach Fabrikat und Marke kann der genaue Ablauf zum Start der Nudelmaschine variieren. Deswegen vorher unbedingt das Handbuch der Nudelmaschine lesen! Fehlerhafte Verwendung kann die Maschine beschädigen!

Flüssigkeit abmessen

In den Nudelteigrezepten in diesem Buch wird die Gesamtflüssigkeitsmenge angegeben. In der Klammer dahinter wird erklärt, woraus sich die Flüssigkeit zusammensetzt. Zuerst mit Eiern anfangen, da diese je nach Größe ein anderes Volumen haben. Dann mit Wasser auffüllen bis die Gesamtmenge erreicht ist.

Ein kleiner Messbecher sollte gute Dienste leisten. Wenn keiner da ist, geht auch eine Waage. Hierbei ist zu beachten, dass einige Rezepte nicht immer eins zu eins von Milliliter auf Gramm umgemünzt werden können. Bei Flüssigkeiten wie Milch oder Öl entspricht die Milliliterangabe nicht hunderprozentig der Grammangabe, da diese Flüssigkeiten unterschiedliche Dichte haben. Jedoch ist der Unterschied in den meisten Fällen so gering, dass die Unstimmigkeiten nachträglich oder während des Knetens korrigiert werden können.

Für das Abmessen von Kansui, Xanthan, Gluten oder Vitamin B2 (Riboflavin) ist der Einsatz einer Feinwaage zu empfehlen, da bei diesen Zutaten kleine Mengenunterschiede bereits große Auswirkungen im späteren Nudelteig haben können.

Einer der häufigsten Anfängerfehler ist die Zugabe der Flüssigkeit zu einem falschen Zeitpunkt. Die Maschine anschalten, sodass das Mehl bereits gemischt wird. Die Flüssigkeit während des Mischvorgangs über den vorgesehenene Schlitz langsam hineinträufeln. Wird die Flüssigkeit auf einmal zum Mehl gegeben, ohne die Maschine vorher anzuschalten, wird sie auslaufen. Dies gilt für alle Pastamaker von Philips.

Erst am Ende wird alles zusammen verrührt und das Gemisch langsam in die Maschine geträufelt. Dabei ist es wichtig, die Flüssigkeit während des Knetvorgangs zuzugeben.

Zuletzt können weitere Flüssigkeiten wie Öl oder Kansui hinzugegeben werden, bis die Gesamtmenge erreicht ist.
In manchen Rezepten wird das Öl auch separat, nach dem Ei-Wasser-Gemisch dazugegeben. Da bitte genau lesen.

Danach kann mit Wasser oder einer anderen Flüssigkeit wie Rote-Bete-Saft oder Orangensaft aufgefüllt werden.

Zuerst werden die Eier hinzugegeben, da die Eimenge je nach Eigröße variiert.
Die restliche Flüssigkeitsmenge passt sich so der Eimenge an.

Bei Nudelteigen und auch beim Brotbacken sprechen Profis von der Feuchtigkeit in Prozent (hydration rate). Dies gibt die Flüssigkeitsmenge auf 100 g Mehl an. Brot hat im Schnitt zwischen 50% und 80%.
Bei handgemachter Pasta beträgt der Feuchtigkeitsanteil circa 40% bis 42%. Pasta Extruder für Zuhause arbeiten oft mit einer Feuchtigkeit von 34% bis 38%, Industrienudelmaschinen können noch viel trockeneren Teig (bis 25% bei speziellen Ramennudeln) verarbeiten.

Je dünner und länger die Nudel, desto weniger Feuchtigkeit benötigt sie. Kurze, große oder dicke Nudelsorten vertragen mehr. Reiner Eierteig sollte ebenfalls mehr Feuchtigkeit haben, da das Ei den Teig hart und schwerer verarbeitbar macht. Je feiner das Mehl oder der Hartweizengrieß ist, desto weniger Feuchtigkeit benötigen die Nudeln, da das feine Mehl die Flüssigkeit besser und schneller aufnimmt.

Es sollte jedoch beachtet werden, dass obwohl hier von viel oder wenig Feuchtigkeit die Rede ist, es sich nur um Unterschiede von 5 bis 15 ml handelt. Beim Dosieren bitte dies im Hinterkopf behalten.

Wasserhärte
Falls die Nudeln trotz richtiger Rezeptur auseinanderfallen, könnte es an zu hartem Wasser liegen. Abhilfe verschafft die Verwendung von gekauftem, weichen Trinkwasser. Besonders Mie-Nudeln und Ramen sind da sehr empfindlich.

Die Wassertemperatur
Traditionell wird der handgeknetete Nudelteig aus Hartweizengrieß mit heißem Wasser zubereitet. Auf diese Weise lässt sich der Teig besser verarbeiten, da er mit kaltem Wasser schwieriger zu kneten ist. In einigen Rezepten wird auch empfohlen, heißes Wasser für Extruder-Pasta zu verwenden. Insbesondere bei langen Nudeln und bei Motivnudeln, da das heiße Wasser den Teig stabiler macht.
Auch bei Rezepten mit Reismehl, Stärke und anderen glutenfreien Mehlen wird heißes Wasser verwendet, da es für bessere Bindung sorgt. Sofern nicht explizit erwähnt, funktionieren alle Rezepte in diesem Buch mit kaltem Wasser. Teig mit Ei sollte generell nur mit kaltem Wasser angerührt werden, da das Ei ansonsten stockt.

Ei im Teig

Die Verwendung von Ei im Teig hat mehrere Funktionen. Zum Einen sorgt das Ei für mehr Geschmack, eine gelbe Farbe, gute Bindung und Biss. Nicht jedes Rezept benötigt jedoch Ei. Da Eierteig beim Kochen noch etwas aufgeht sollten feine Nudelsorten, wie Motivnudeln oder Hohlnudeln, ohne Ei oder nur mit Hühnereiweiß hergestellt werden, da das Motiv sonst nicht mehr gut erkennbar ist. Bei feinen Hohlnudeln wie Bucatini, verkleinert sich der Hohlraum, sodass weniger Soße hineingelangen kann. Eiernudeln haben außerdem einen anderen Biss als Nudeln ohne Ei, besonders in Kombination mit Weichweizenmehl ist der Biss schön fest.

Es ist möglich nur mit Vollei als Flüssigkeit zu arbeiten, jedoch sollte die Flüssigkeitsmenge (hydration rate) mindestens bei 37% liegen.

Teig mit reinem Ei trocknet schneller ein und lässt sich schwieriger verarbeiten. Einfacher ist die Mischung Wasser und Ei, jedoch ist der Geschmack dann etwas milder.

Öl im Teig

Die Zugabe von Ölivenöl wird in vielen handgekneteten Nudelteigrezepten verlangt, oft bei Rezepten aus Weichweizenmehl und Ei.

Zu viel Öl macht den Teig brüchig. Das ist bei handgeknetetem Teig kein Problem, da durch intensives Kneten trotzdem eine gute Teigstruktur erzeugt werden kann. Der Pasta Extruder ist nicht für hohe Ölmengen gemacht, da der Teig von Haus aus bröselig ist. Wenn unbedingt Öl in den Nudelteig rein soll (gilt nicht bei Gebäck oder Flammkuchen), sollte maximal 1 Teelöffel Öl auf 250 g Mehl verwendet werden.

Wenn Probleme mit der Konsistenz oder der Teigausgabe auftauchen, das Öl komplett weglassen.

Salz im Teig

Ob Salz in einen Nudelteig gehört ist sehr umstritten und Geschmackssache. In Nudelteig mit Weichweizenmehl und Ei wird Salz hinzugegeben, da es den Geschmack hebt. Bei handgeknetetem Hartweizenteig und asiatischen Nudelsorten, wie Ramen oder Udon, wird Salz verwendet. Es fördert die Glutenverbindung und macht die Nudeln elastischer. Zu viel Salz kann die Kochzeit erhöhen und den Nudelteig brüchig machen. Hartweizennudeln aus dem Extruder müssen nicht gesalzen werden. Es reicht, wenn sie in reichlich gesalzenem Wasser kochen.

DER IDEALE TEIG

Der ideale Nudelteig für den Pasta Extruder sieht aus wie Butterstreusel. Je nach Art des Mehls, welches für den Teig verwendet wurde, können die Streusel kleiner (bei Weichweizenmehl und dem Einsatz von Speisestärke oder glutenfreien Mehlen) oder etwas größer sein (bei Hartweizengrieß oder der Zugabe von Ei). Je feuchter der Teig desto größer werden die Streusel, bis sie schließlich größere Klumpen bilden. Zu viel Feuchtigkeit führt dazu, dass sich die Teigklumpen zu einem großen Teigbatzen verbinden, welcher nicht mehr vom Knethaken erfasst werden kann. In diesen Fällen verlangsamt sich die Ausgabe oder es kommen gar keine Nudeln heraus.

Was tun, wenn der Nudelteig zu trocken ist?
Es hilft, mit einem Wasserzerstäuber ein paar Spritzer in die Knetkammer zu geben. Falls kein Zerstäuber vorhanden ist, einfach 5 ml bis 10 ml Wasser über den Schlitz langsam hineinträufeln und alles nochmal kneten. Oder die Maschine ausschalten, den Teig in einer Küchenmaschine häckseln und dabei etwas Flüssigkeit dazugeben (nur 5 bis 10 ml). Dann den zerkleinerten Teig portionsweise in die Nudelmaschine geben und ausgeben. Bei Bedarf während des Knetvorgangs mit Flüssigkeit oder Mehl nachjustieren. Vorsicht: Wenn der Teig sehr trocken war, kann dieser die Matrize verstopfen, sodass auch feuchter Teig nicht mehr durchgedrückt werden kann. Dann muss die Matrize per Hand von Teig befreit werden. Zum Testen ein paar lose Brösel zwischen Daumen und Zeigefinger zusammendrücken. Wenn sich die Krümel verbinden und nicht gleich auseinanderfallen, ist der Teig gut.

Was tun, wenn der Nudelteig zu feucht ist?
Ein paar Esslöffel Weizenmehl oder feinen Hartweizengrieß zum Teig hinzugeben für kleinere Korrekturen. Wenn der Teig sich bereits verklumpt hat, hilft es diesen herauszunehmen, in kleine Klümpchen zu reissen und nach und nach wieder in die Maschine zur Ausgabe zu geben. Dabei ist wichtig, dass nicht alle Klümpchen auf einmal hineingegeben werden und diese vorher in etwas Mehl gewendet wurden, damit sie nicht wieder zusammenkleben können.

Warum sind die Nudeln so fransig?

Die ersten Nudeln sind fransig, da sich die Matrize noch nicht warmgelaufen hat. Diese Nudeln einfach abschneiden, zusammenknüllen und wieder in die Knetkammer werfen. Bei bestimmten Nudelsorten, z. B. bei dicken Udonnudeln, diesen Schritt öfter wiederholen bis richtig schöne Nudeln herauskommen.

Warum werden die Nudeln gegen Ende heller?

Sobald kein Teig mehr nachkommt, verändert sich der Druck auf den Restteig. Die Folge ist ein leicht überkneteter Teig. Die Nudeln sind heller, weicher, manchmal auch spröder, können aber bedenkenlos mitgegessen werden. Diese Teigkonsistenz kann auch entstehen, wenn der Teig zu oft durch die Matrize gepresst wurde.

Was passiert mit dem Restteig, der übrig bleibt?

Man kann den Teig manuell zu Nudeln formen und mitkochen. Teigreste können gesammelt und eingefroren werden. Bei einer späteren Verwendung, einfach den Teig auftauen, in einer Küchenmaschine klein häckseln und wieder in der Maschine ausgeben lassen.

Teig mit hohem Feuchtigkeitsgehalt bildet größere Klümpchen. Auch die Zugabe von Ei oder die Verwendung von grobem Hartweizengrieß bildet größere Streusel.

Teig aus Weichweizenmehl, glutenfreiem Mehl oder ohne Ei ist feiner. Dies kann auch ein Hinweis auf zu trockenen Teig sein.

Wie wird eine größere Teigmenge verarbeitet?

Dafür wird der Teig in einer externen Küchenmaschine zubereitet. Dieser wird nur noch zur Ausgabe in den Pasta Extruder gegeben. Hierbei die Mindestmenge und die Maximalmenge der Nudelmaschine beachten.
Sie sollte nicht zu voll gefüllt werden. Es ist möglich, die Nudelmaschine nach der regulären Ausgabe wieder mit Mehl zu füllen, neu zu kneten und wieder ausgeben zu lassen. Übriggebliebene Teigreste müssen nicht unbedingt entfernt werden und die Matrize kann auch weiterbenutzt werden, solange die Ausgabe zeitnah erfolgt, damit der Teig nicht antrocknen und hart werden kann.

Wie wird Nudelteig in einem externen Gerät geknetet?

Die Arbeitsschritte sind ähnlich wie bei der vollautomatischen Nudelmaschine. Geeignet für diese Arbeit sind **Küchenmaschinen mit Knethaken**, **Multizerkleinerer** sowie **Standmixer** (nur kein Pürierstab).
Alle trockenen Zutaten werden in die Küchenmaschine gefüllt.
Die Flüssigkeit, wie Eier und Wasser, wird vorher verquirlt und langsam zum Mehl gegeben, während die Küchenmaschine läuft.
Das Kneten oder Mischen sollte mindestens 6 bis 7 Minuten dauern. Beim Standmixer wird die Flüssigkeit Stück für Stück zugegeben und der Teig dazwischen immer wieder gehäckselt. Die Konsistenz des Teiges sollte am Ende so aussehen wie nasser Sand. Bröselig und locker und keinesfalls kompakt wie ein Teigklumpen.

Was ist die ideale Länge einer Nudel?

Auch wenn wir durch den Pasta Extruder die Länge der Nudeln selber bestimmten können, so gibt es einen Grund, warum eine Nudelform über Jahrhunderte hinweg so entwickelt wurde, wie wir sie heute kennen.

Die Form und somit auch die Länge der Nudel ist optimiert auf die Soße und Serviermethode. Pasta wird in Italien nur mit einer Gabel gegessen, Messer oder Löffel werden selten benutzt. Das bedeutet, die Nudelformen müssen so gemacht sein, dass alles gut mit der Gabel in den Mund beförderbar ist. Spaghetti z. B. werden mit der Gabel aufgerollt und sollten nicht zu lang sein. Sonst wird die Nudelmenge, die sich um die Gabel wickelt zu groß, um sie mit einem Bissen zu essen.

Die Standardlänge von **25cm bei Spaghetti** hat sich jedoch erst nach und nach entwickelt. Früher waren getrocknete Spaghetti oft einen halben Meter lang. Diese gibt es manchmal immer noch in Supermärkten zu kaufen. Um die Lagerung und den Transport einfach zu gestalten, wurden die Nudeln auf die heute Länge gekürzt. **Kurze Nudeln werden mit der Gabel aufgespießt**.
So kommen mehrere Nudel gleichzeitig in den Mund. Wenn sie zu lang sind, würden sie wieder runterfallen oder es müsste mehrmals abgebissen werden.Es macht also Sinn, sich an die traditionellen Nudel-Längen zu halten.

Selbstverständlich macht es trotzdem Spaß neue Formen auszuprobieren und etwas verrücktere Nudelsorten zu servieren. Dafür ist eine eigene Nudelmaschine da!

Bei ostasiatischen Nudelsorten spielt die richtige Länge ebenfalls eine große Rolle. Die meisten Nudeln werden in einer Suppe serviert, die schlürfend mit den Stäbchen gegessen wird.
Der Geschmack der Suppe wird über die Nudeln aufgenommen, die beim Schlürfen die Brühe zum Mund transportieren. Sind sie zu kurz, kommt weniger Geschmack an. Ramennudeln sollten daher zwischen **30cm und 40cm** lang sein. Mie-Nudeln oder Reisnudeln werden oft gar nicht geschnitten. Diese werden so lang wie möglich gelassen.

Für Gerichte wie Zarusoba oder Tsukemen müssen die Nudeln hingegen etwas kürzer sein. Bei diesen Gerichten werden Nudeln und Soße separat gereicht. Die Nudeln werden mit den Stäbchen aufgenommen, in Soße getunkt und dann schnell herausgeschlürft. Sie müssen kürzer sein, damit der Arm beim Transport vom Teller in das Soßenschälchen nicht zu hoch gehalten werden muss, denn diese Geste wird am Tisch als unhöflich angesehen. Kürzere Nudeln verringern außerdem die Spritzgefahr beim Schlürfen. Eine Länge von **25cm bis 30cm** wird als angenehm empfunden.

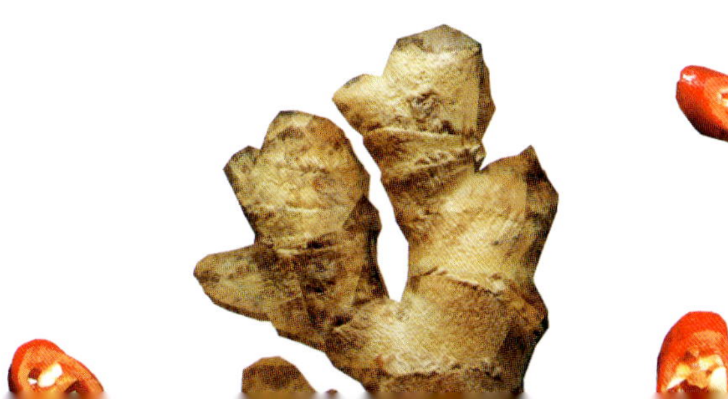

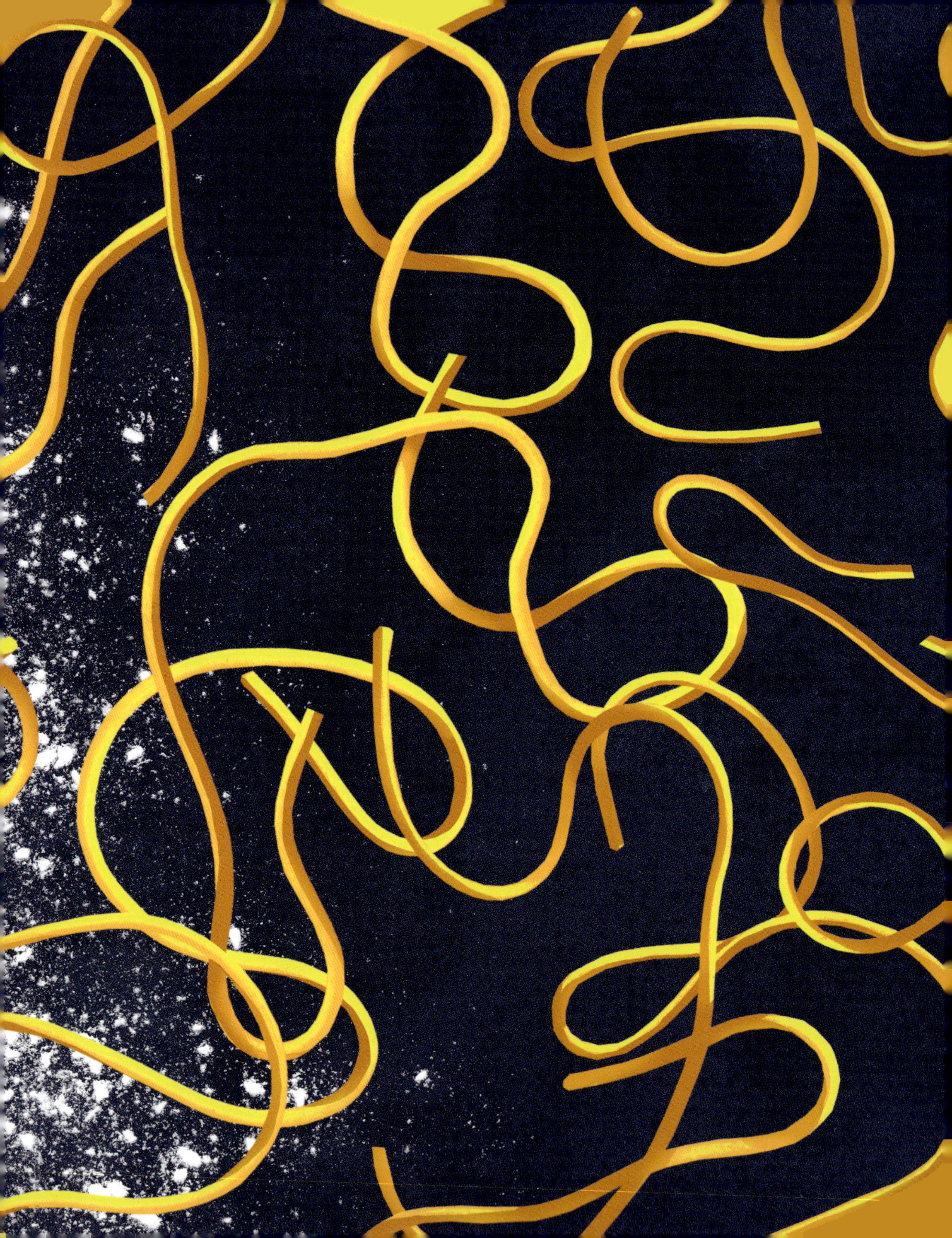

SPAGHETTI

Spaghetti ist die beliebteste Pasta der Welt. Der Name Spaghetti bedeutet „dünne Schnur". **Sie bestehen aus Hartweizengrieß und Wasser** und wurden traditionell mit den Händen gerollt. Heutzutage werden sie maschinell mit Pasta Extrudern hergestellt, getrocknet und in die ganze Welt exportiert. **Auch mit der Nudelwalze lassen sich Spaghetti herstellen,** diese haben einen rechteckigen Querschnitt und der Teig kann auch Weichweizenmehl und Ei enthalten.

Spaghetti alla Chitarra, auch unter der Bezeichnung Maccheroni alla Chitarra bekannt, werden traditionell mit einem besonderen Werkzeug hergestellt. Dabei handelt es sich um einen Holzrahmen, der mit dünnen Schnüren, meist Gitarrensaiten, enganliegend bespannt wird.
Auf diese Gitarrensaiten wird ein ausgerollter Teig gelegt und mit einem Nudelholz gerollt, sodass der Teig durch die Saiten fällt und in dünne Schnüre geschnitten wird.

Spaghetti wird immer mit dem Gericht Spaghetti Bolognese verbunden. Dieses Gericht ist in vielen Ländern ein Klassiker. Traditionell wird die Bolognesesoße, bzw. das Ragù alla bolognese jedoch mit Bandnudeln serviert. Breite Bandnudeln können die stückige Soße meist noch besser aufnehmen.

Es gibt mit Spaghetti zahlreiche Fusionsgerichte in aller Welt. Beispielsweise gibt es in Japan sogenannte Wafu-Pasta. Das sind Spaghetti-Gerichte, die mit einer Mischung aus japanischen und italienischen Zutaten zubereitet werden. Olivenöl und Nudeln werden mit Sojasoße, Sojamilch oder Misopaste kombiniert. Anstatt Basilikum gibt es Shisoblätter oder Nori-Algen.

Zutaten für 2 bis 3 Portionen

SPAGHETTI OHNE EI

250 g Hartweizengrieß, 90 ml Wasser

SPAGHETTI MIT EI & WASSER

250 g Hartweizengrieß, 95 ml Flüssigkeit (1 Ei + Rest Wasser)

SPAGHETTI NUR MIT EI

250 g Hartweizengrieß, 100 ml ganze Eier

Grieß in die Maschine geben.

Maschine starten und Flüssigkeit langsam hinzugeben.

2x Den Teig insgesamt 2-mal kneten und anschließend 20 Minuten ruhen lassen (Siehe Seite 32).

Nudeln ausgeben. Die Nudeln werden anfangs sehr fransig aus der Maschine kommen. Um glatte Nudeln zu bekommen, die unschönen Nudeln falten, zusammendrücken und in kleinere Teigklumpen reißen. Nudelmaschine pausieren, den Deckel öffnen und Teigklumpen wieder in die Knetkammer geben. Vorgang wiederholen bis schöne Nudeln entstehen.
Die Nudeln dürfen jedoch eine leicht raue Oberfläche haben. Das ist sogar ein Qualitätsmerkmal bei Pasta, da die Nudeln so die Soße besser aufnehmen können. Mit Bronze-Matrizen gelingt dieser Effekt besser. Er tritt aber ab und zu auch bei POM-Matrizen auf.

Kochzeit: 1 bis 3 Minuten

Empfohlene Matrize
Um die handelsübliche Spaghetti-Dicke zu erzielen, einfach die Matrize „Dicke Spaghetti" von Philips verwenden. Weitere dünne, lange Nudelformen sind Spaghettone, Linguine, Engelshaar, Spaghetti Chitarra oder Fileja Calabresi.

TIPP

Bei dünnen, langen Nudeln ist die Zubereitungstechnik des Teiges ausschlaggebend, um Stabilität zu erhalten. Der Schlüssel liegt im längeren Kneten und 20 Minuten Ruhezeit.

Diese Rezepte sind für alle klassischen Hartweizennudeln geeignet. Anstatt Hartweizengrieß kann auch Dinkelgrieß oder Vollkornhartweizengrieß verwendet werden

Karotte, Stangensellerie, Zwiebel, Olivenöl, passierte Tomaten, Salz, Pfeffer, Basilikum.

Gemüse in kleine Würfel schneiden und in Olivenöl anbraten. Passierte Tomaten hinzugeben und einköcheln lassen. Mit Salz, Pfeffer und frischem Basilikum abrunden.

Frische Tomaten, passierte Tomaten, Olivenöl, Knoblauch, Chili, Zucker, Salz, Pfeffer, Basilikum.

Frische Tomaten blanchieren, die Haut abziehen und den Strunk entfernen. Mit den Händen leicht zerdrücken. Reichlich Olivenöl erhitzen und gehackten Knoblauch und Chili anbraten. Sobald es duftet, die frischen Tomaten hinzugeben. Mit passierten Tomaten ablöschen und einköcheln lassen, bis die groben Tomatenstücke zerfallen sind. Mit Salz, Pfeffer und Zucker abschmecken. Zuletzt viel gehackten Basilikum unterrühren und servieren.

Pistazien, Olivenöl, Knoblauch, Chili, Salz, Pfeffer.

Pistazienkerne, Knoblauch, Chili und Olivenöl grob pürieren und mit den restlichen Zutaten abschmecken. Dieses Pesto eignet sich besonders gut auf dem Brot zu Antipasti.

Petersilie, Sonnenblumenkerne, Olivenöl, Zitrone, Chili, Knoblauch, Salz, Peffer.

Petersilie putzen. Harte Stängel mit dem Messer kleinhacken. Sonnenblumenkerne rösten und abkühlen lassen. Alle Zutaten in den Mixer geben und mixen.

Champignons, Walnuss, Olivenöl, Rosmarin, Thymian, Salz, Pfeffer.

Champignons in Olivenöl knusprig braten. Kräuter unterrühren und kurz mitbraten. Walnüsse anrösten und abkühlen lassen. Mit den restlichen Zutaten zu einer Paste mixen.

Getrocknete Tomaten, schwarze Oliven, Mandeln, Basilikum, Petersilie, Olivenöl, Knoblauch, Salz, Pfeffer.

Getrocknete Tomaten in Öl sowie die Kräuter mit dem Messer vorab kleinschneiden. Mandeln rösten und abkühlen lassen. Mit den restlichen Zutaten in einen Mixer geben und feinhacken.

Spinat, Mandeln, Sonnenblumenkerne, Tofu, Knoblauch, Salz, Pfeffer.

Mandeln und Sonnenblumenkerne rösten, abkühlen lassen und mit den restlichen Zutaten zu einer Paste pürieren. Anstatt Tofu kann auch Parmesan oder Ricotta verwendet werden.

Gegrillte Paprika, Chili, Mandeln, Parmesan, Balsamico, Knoblauch, Salz, Pfeffer.

Rote Paprika im Ofen grillen, die Haut abziehen. Mandeln rösten. Alles in einen Mixer geben und zu einer Paste verarbeiten. Für mehr Geschmack können unterschiedliche Paprika- und Chilisorten verwendet werden.

Bärlauch, Haselnuss, Parmesan, Olivenöl, Zucker, Salz, Pfeffer.

Haselnüsse rösten und mit den restlichen Zutaten zu einer Paste pürieren. Mit Salz und Pfeffer abschmecken. Wenn der Bärlauch zu scharf ist, hilft zur Abmilderung etwas Zucker oder Ricotta.

Walnuss, Parmesan, Knoblauch, Olivenöl, Salz, Pfeffer.

Walnüsse rösten und mit den restlichen Zutaten zu einer Paste pürieren. Mit Salz und Pfeffer abschmecken.

Minze, Basilikum, Rucola, Mandeln, Zitrone, Parmesan, Olivenöl, Knoblauch, Salz, Pfeffer.

Kräuter putzen und harte Stängel entfernen. Mandeln rösten und abkühlen lassen. Alles zusammen mit den restlichen Zutaten zu einer Paste mixen.

Ein großer Vorteil von frischen Nudeln ist das Nudelkochwasser. Es beinhaltet mehr Stärke als das Kochwasser von getrockneten Nudeln. Daher ist es ideal für Nudelsaucen, welche auf die Bindefähigkeit von Stärkewasser setzen. Viele dieser Soßen sind italienische Klassiker wie z. B. Cacio e Pepe, Aglio e Olio und Carbonara. Sie setzen alle auf die Emulsion von Stärkewasser und Fett (z. B. Öl oder Käse). Die Soßen gehen so schnell, dass sie parallel zur Nudelkochzeit zubereiten werden. Die Pasta wird nur neunzig Sekunden gekocht und in der Soße fertiggegart. Falls sie noch zu hart sind, mehr Kochwasser zur Soße hinzugeben.

Nudelkochwasser, Parmesan, Salz, Pfeffer.

Pfeffer aus der Mühle in eine Pfanne geben und ohne Fett anrösten. Mit Nudelwasser ablöschen und runterreduzieren. Frische Pasta hinzugeben und nochmals in etwas Nudelwasser einkochen bis eine cremige Soße entsteht. Pfanne vom Herd nehmen und den Parmesan unterheben, bis alles schmilzt. Mit Salz und Pfeffer abschmecken.

Knoblauch, Chili, Olivenöl, Salz, Pfeffer.

Mindestens 3 Knoblauchzehen und eine Chili grob hacken und in reichlich Olivenöl anbraten. Frischgekochte Pasta und etwas Nudelwasser hinzugeben und gründlich verrühren, bis eine Emulsion ensteht. Mit Salz und Pfeffer abschmecken und mit Parmesan servieren.

Speck, Ei, Parmesan, Salz, Pfeffer.

Speck in der Pfanne braten, bis das Fett heraustritt. Separat 2 Eier und 1 Eigelb und etwas Parmesan verquirlen. Gekochte Pasta und Nudelwasser zu dem Speck geben. Vom Herd nehmen. Das Ei-Käse-Gemisch unterrühren und zu einer cremigen Soße verschmelzen lassen. Das Ei nicht stocken lassen. Mit Salz und Pfeffer abschmecken.

Basilikum, Minze, Zitrone, Olivenöl, Salz, Pfeffer, Parmesan.

Zitronenabrieb mit Parmesan in einem Mixer feinhacken. Zitrone schälen, den weißen Teil entfernen und das komplette Fruchtfleisch pürieren. Zitronenpüree, Basilikum und Minze in Olivenöl leicht erhitzen. Pasta und etwas Nudelwasser unterheben und zu einer cremigen Soße verrühren. Mit Salz und Pfeffer abschmecken und mit Zitronen-Parmesan servieren.

CACIO E PEPE
CARBONARA
AGLIO E OLIO

TAGLIATELLE & PAPPARDELLE

Unter dem Überbegriff Tagliatelle lässt sich eine große Anzahl von unterschiedlichen Nudelsorten sammeln. Der Name kommt von dem Wort „tagliare“, was „schneiden“ bedeutet. Jede Region Italiens hat eine Variante, welche einen eigenen Namen hat. Eine bekannte Tagliatelle-Variante ist die aus Bologna. Diese Nudeln werden besonders dünn ausgerollt und ca. 8cm breit geschnitten.
Die sogenannte Engelshaarpasta ist ebenfalls eine Tagliatelle-Variante. Diese besonders feingeschnittene Nudel wird der Gegend in und um Rom zugeordnet. Eine weitere Variante ist z. B. die Tajarin, eine sehr schmackhafte Bandnudelsorte, die nur aus Weichweizenmehl und reinem Eigelb besteht und aus der Lombardei stammt.

Pappardelle und Fettuccine sind ebenfalls Bandnudelarten, die je nach Region zwar gleich heißen, aber unterschiedlich aussehen können. Es gibt sehr dünn geschnittene Pappardelle, fast wie Engelshaar, und typisch breitgeschnittene Pappardelle.

Fettuccine bedeutet „kleine Bänder“. Sie sind einen Tick schmaler als Tagliatelle, werden dafür aber etwas dicker ausgerollt. Trotzdem ist die Fettucine-Matrize von Philips eigentlich etwas zu dick und zu schmal. Die Bezeichnung „Fettucine“ ist daher nicht ganz korrekt.

Wer tiefer in die Thematik der Bandnudeln einsteigen möchte, sollte sich eine Walznudelmaschine anschaffen, da durch die Falttechnik und das ständige Walzen von aufeinanderliegenden Teigbahnen eine andere Teigstruktur als bei Extrudern erzeugt wird. Es ist die traditionellere Methode.

Für die hausgebräuchliche Produktion von Bandnudeln funktioniert der Pastamaker jedoch sehr gut. Auch in Italien gibt es maschinell produzierte Bandnudeln aus Extruder-Maschinen. Diese Nudeln bestehen aus Hartweizengrieß und Wasser oder aus Hartweizengrieß und Ei. Die Beimischung von Weichweizenmehl ist auch möglich.

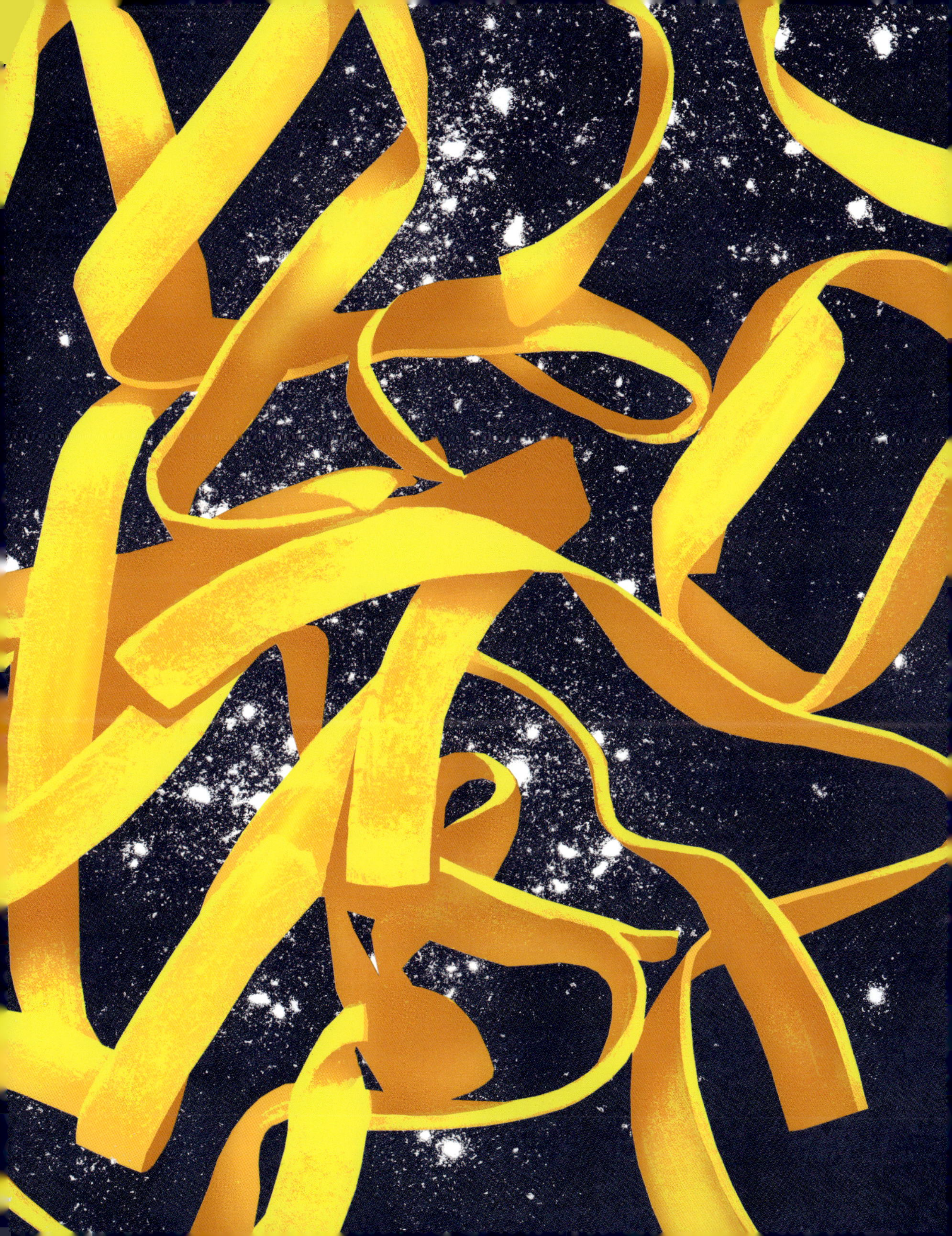

Zutaten für 2 bis 3 Portionen

BANDNUDELN MIT EI

200 g Hartweizengrieß, 50 g Weichweizenmehl, 95 ml Flüssigkeit (1 Ei + Wasser)

BANDNUDELN OHNE EI

140 g Hartweizengrieß, 110 g Weichweizenmehl, 90 ml Wasser

Trockene Zutaten in die Maschine geben.

Alle flüssigen Zutaten verquirlen. Maschine anschalten und die Flüssigkeit langsam hineingießen.

1x Der Teig bei diesem Rezept muss nur einmal geknetet und kann sofort ausgegeben werden.

Nudeln ausgeben lassen. Die ersten 2 Nudelnester nach dem Ausgeben zusammenfalten, in kleine Klümpchen formen und wieder in die Maschine geben. Danach Nudeln wie gewohnt ausgeben lassen und beliebig weiterverarbeiten.

Kochzeit: 3 bis 5 Minuten
Je nach Dicke der Nudel brauchen sie bis zu 4 Minuten, besonders wenn sie Ei im Teig enthalten.

Empfohlene Matrize

Matrize „Tagliatelle“ und „Pappardelle“ von Philips, Lasagne Matrize von Philips. Externe Matrizen sind viel dünner. Diese gibt es in Bronze und in POM wie Pappardelle, Tagliatelle, Tagliatelle Girate, Tagliolini oder Pizzoccheri.

TIPP

Die hier gezeigten Rezepte sind für die dicken Bandnudel-Matrizen vom Pastamaker optimiert. Die Mischung aus Hartweizengrieß und Weichweizenmehl ist genau richtig, sodass die Nudeln einen guten Biss haben und schön geschmeidig bleiben, obwohl die Nudeln relativ dick sind. Der Teig enthält kein Ei, weshalb er nicht weiter aufgeht und die Nudeln nicht noch dicker werden können.

Das Rezept mit Ei schmeckt besonders gut mit der Lasagne-Matrize. Die Teigplatten in Streifen geschnitten ergeben leckere dünnere Bandnudeln. Die Rezepte haben den Vorteil, dass der Teig auch ohne doppeltes Kneten und Ruhezeit gut funktioniert.
Wer eine dünne Bronze-Matrize hat, kann alternativ auf die Rezepte aus dem Kapitel „Spaghetti“ zurückgreifen.

Wie werden aus einer Teigrolle gerade Streifen geschnitten?

Um schöne Bandnudeln aus einer Teigrolle schneiden zu können, bedarf es einer speziellen Falttechnik des Teiges. Ist der Teig wie einen Teppich zusammengerollt, ergeben sich Bandnudeln, welche eine unregelmäßige, eher wellige Schnittkante haben. Um dies zu verhindern, wird der Teig von oben und unten zur Mitte hin gefaltet und schließlich beide gefalteten Rollen nochmals zusammengeklappt.

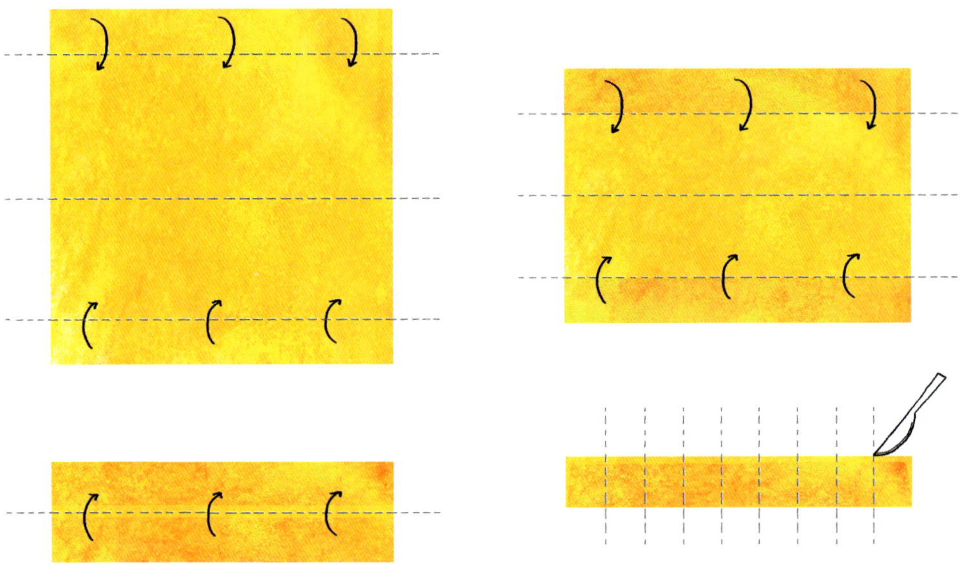

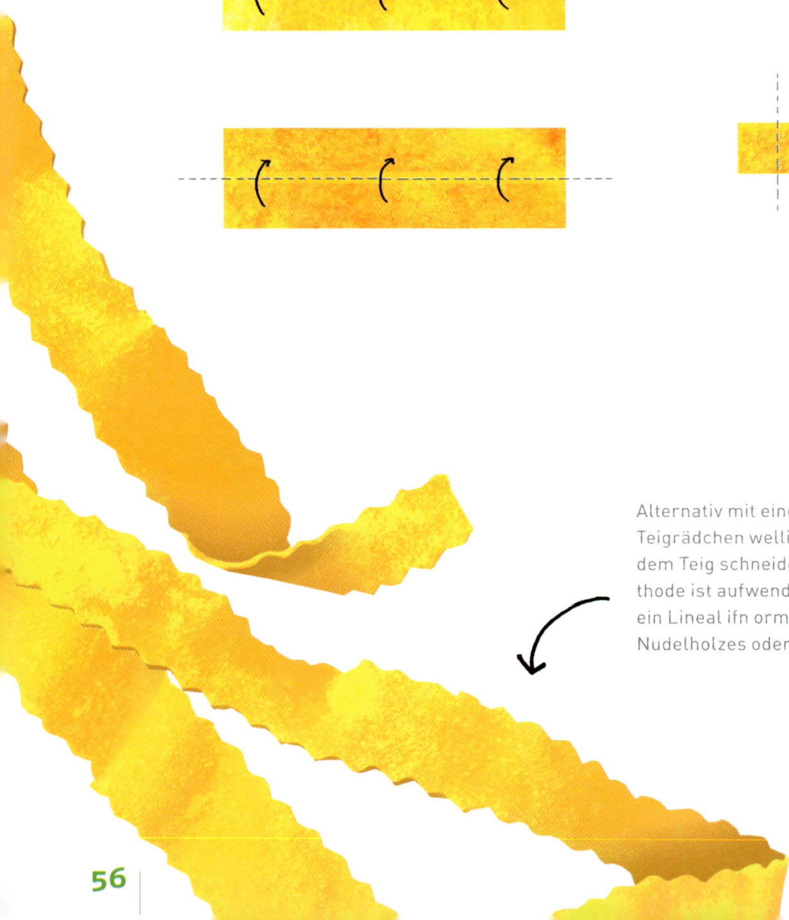

Alternativ mit einem gerillten Teigrädchen wellige Streifen aus dem Teig schneiden. Diese Methode ist aufwendig und benötigt ein Lineal ifn orm eines langen Nudelholzes oder eines Bretts.

Aus Lasagne-Platten können auch Farfalle und andere Nudelsorten geformt werden. Anregungen gibt es auf Seite 63.

LASAGNE

Lasagne ist ein bekanntes und beliebtes Gericht, welches auf der ganzen Welt gerne gegessen wird. **Die übliche Variante ist die Lasagne al Forno.** Mehrere Nudelplatten werden mit einer Soße abwechselnd aufeinandergeschichtet und im Ofen mit Bechamelsoße und Käse überbacken.
Käsesorten können Parmesan, Ricotta, Mozarella oder regionale Spezialitäten sein. Zusätzlich zu der Soße können auch kleine Fleischbällchen, Schinken, andere Fleischsorten, Gemüse oder Pesto geschichtet werden.

Die berühmteste Variante ist die Lasagne alla Bolognese. Ein reichhaltiger Eierteig wird besonders dünn ausgerollt. Die Teigplatten werden für dreißig Sekunden in Salzwasser blanchiert, in kaltem Wasser abgeschreckt, auf einem Tuch getrocknet und abwechselnd mit Bechamelsoße und dem Ragù alla bolognese geschichtet.

Die oberste Lage ist eine dicke Schicht Bechamelsoße.
Nach Geschmack kann zwischen den Schichten und obendrauf etwas geriebener Parmesan gestreut werden, ist aber kein Muss.

In anderen Regionen Italiens werden Lasagneplatten ganz ohne Ei, nur mit Weichweizenmehl und Wasser oder nur aus Hartweizenmehl und Wasser hergestellt. Der Teig kann auch dicker ausgerollt werden.

Cannelloni sind mit Fleisch oder Ricotta gefüllte Teigröhren, die mit Soße übergossen und mit Käse überbacken werden.
Das Teigrezept für Cannelloni ähnelt dem von Lasagne. Es ist außerdem üblich, etwas Olivenöl zum Teig zu geben. Cannelloni müssen nicht unbedingt röhrenförmig sein (auch wenn es dafür eigene Matrizen gibt). Einfach eine Teigplatte nehmen und die Füllung darin einrollen.

Zutaten für 2 bis 3 Portionen

LASAGNE

250 g Weichweizenmehl, 100 ml Flüssigkeit (2 Eier, Rest Wasser)

CANNELLONI

250 g Weichweizenmehl, 100 ml Flüssigkeit (1 Ei, 1 EL Olivenöl, Rest Wasser)

Mehl in die Maschine geben.

Alle flüssigen Zutaten verquirlen. Maschine anschalten und die Flüssigkeit langsam hineingießen.

Den Teig insgesamt 2-mal kneten und anschließend 20 Minuten ruhen lassen (Siehe Seite 32).

Während der Ruhezeit/Ausgabezeit den Deckel der Knetkammer nicht öffnen, damit der Teig eine gleichbleibende Feuchtigkeit behält. Auf diese Weise reißen die Teigplatten nicht so schnell ein. Die ersten Nudelplatten können noch etwas uneben sein. Diese abschneiden, in kleine Klümpchen formen und gegen Ende der Ausgabezeit zurück in die Knetkammer geben. Die Teigplatten kommen mit einer leichten Wölbung aus der Maschine und müssen vorsichtig plattgedrückt werden. Die Teigplatten leicht mehlen und gestapelt aufbewahren.

Kochzeit: 30 bis 40 Minuten
Die Zubereitung im Ofen und mit ausreichend viel Soße dauert ca, 30 bis 40 Minuten. Bei vorgekochten Teigplatten beträgt die Kochzeit etwa 15 bis 20 Minuten. Alles bei 180° Ober-/Unterhitze.

Empfohlene Matrize
Die Rezepte eignen sich für alle Lasagne-Matrizen. Die Matrize von Philips hat eine Dicke von 0,8 mm. Es gibt dünnere Matrizen anderer Hersteller. Eine gute Dicke wäre 0,6 mm. Es gibt auch eine verstellbare Matrize von Pastidea, die zwischen 0,5 mm und 2 mm dicke Teigplatten ausgeben kann.

TIPP

Das Backen im Ofen hat eigentlich nicht den Zweck, das Gericht zu garen, sondern lediglich die Aromen besser miteinander zu verbinden und Röstaroma zu erzeugen. Deswegen werden traditionell Lasagneblätter und Teigplatten für Cannelloni 30 Sekunden vorgekocht. Da diese Praxis aufwändig ist und Platz benötigt, verzichten viele auf diesen Schritt.

Es können auch direkt die frischen Nudelplatten verwendet werden. Damit die Nudeln durchgaren können, wird lediglich eine größere Soßenmenge benötigt.
Es wird empfohlen, die Soße extra mit Wasser zu verdünnen, damit sie gut in den Teig ziehen kann. Wenn die Soße zu dickflüssig ist, wird der Teig nicht gar.

Wie werden Lasagneplatten ohne Ei hergestellt?

Lasagneplatten schmecken mit Ei besser und werden traditionell mit Ei hergestellt. Mit der Maschine lassen sich jedoch auch eifreie Teigplatten herstellen. Weitere Rezeptvarianten, die ebenfalls für Lasagne verwendet werden können, gibt es im Kapitel „Papardelle & Tagliatelle".
Es ist auch möglich, glutenfreie, gefärbte und aromatisierte Lasagne-platten herzustellen.

Die Teigplatten lassen sich nicht gut gerade drücken, sondern reißen ein. Gibt es dafür einen Trick?

Je nach Mehlsorte und je nach Größe der Eier kann der Teig noch zu trocken sein. Die Flüssigkeitsmenge beim nächsten Mal um 5 ml bis 10 ml erhöhen und das Ruhen des Teiges nicht vergessen. Falls der Teig zu feucht geworden ist und sich am Knethaken verklumpt hat, den Teig herausnehmen, in kleine Stücke zupfen und nach und nach in die Knetkammer zur Ausgabe geben. Es hilft auch, den zerrupften Teig mit Mehl zu bestäuben, sodass er nicht wieder zusammenklebt.

Wie werden Farfalle und andere Nudeln geformt?

Wie bei gewalzten Nudelplatten können daraus viele weitere handgeformte Nudelarten hergestellt werden. Bei handgeformten Nudeln ist zu beachten, dass die Teigplatten nicht oder nur sehr wenig gemehlt werden sollten, da sie beim Formen sonst nicht zusammenhalten. Zur Not einfach etwas Wasser zum Anfeuchten nehmen.

Farfalle ist das italienische Wort für „Schmetterling". Neben der klassischen rechteckigen Grundform können auch ähnliche Nudeln aus Ovalen, Kreisen oder Rauten geformt werden.

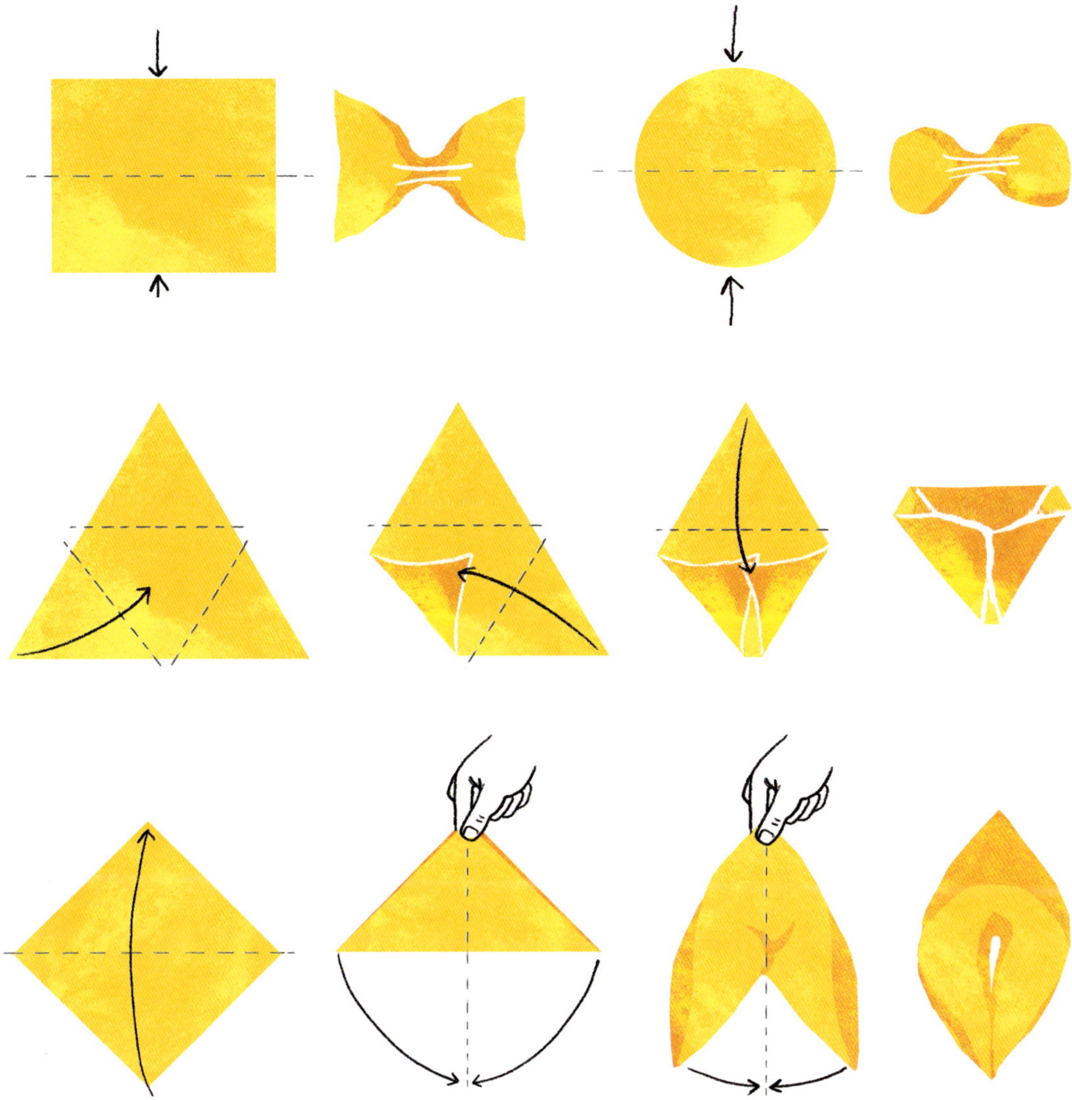

Die oben gezeigten Nudelformen sind alle ungefüllt und sehen besonders hübsch aus. Da der Aufwand zum Selbermachen dieser Nudeln so hoch ist, empfiehlt es sich, diese besonderen Nudeln als Suppeneinlage oder Vorspeise zu servieren. So kommen die handgeformten Nudeln besser zur Geltung.

Auf Seite 71 werden verschiedene Faltmethoden für gefüllte Pasta gezeigt und Ideen für leckere Füllungen gibt es auf Seite 69.

RAVIOLI

Wenn von italienischen gefüllten Nudeln die Rede ist, fallen einem sofort die beiden Begriffe „Ravioli" und „Tortelli" ein. Ravioli können rund, halbmondförmig, rechteckig oder dreieckig sein. Torelli können ebenfalls diese Formen haben, decken aber noch weitere besondere Formen ab, wie Bonbon-Form (Tortelli Caramelle) oder kleine Hüte (Cappelletti). **Der Teig besteht aus Weichweizenmehl, Eiern und Salz,** manchmal auch etwas Olivenöl und Wasser. Einige Nudelteige haben auch Hartweizenmehl, Buchweizenmehl, Roggenmehl, Milch oder Kartoffeln im Teig.
Für gewöhnlich werden Ravioli und Tortelli in kochendem Salzwasser gegart und in einer Soße, zerlassener Butter oder in Brühe serviert.

Typische Füllungen beinhalten weiche Käsesorten wie Ricotta, Mozzarella, Parmesan oder andere lokale Käse und blanchiertes Blattgemüse wie z. B. Spinat, Brennnessel oder Mangold.

Weiche Gemüsesorten wie gekochter Kürbis und Kartoffeln sowie verschiedene Kräuter können ebenfalls Teil der Füllung sein. Bei fleischhaltigen Füllungen wird gerne Geflügel, Schweinefleisch oder Wild benutzt.

Bei der Füllung ist zu beachten, dass sie möglichst homogen sein muss. Sie darf nicht zu flüssig sein und sich gut durch eine Spritztülle drücken lassen.

Im Gegensatz zu asiatischen Teigtaschen ist die Füllung, also vor allem Fleisch, in den meisten Fällen bereits vorgegart. Das verkürzt die Garzeit der Teigtaschen.

Zutaten für 2 bis 3 Portionen

TEIGPLATTEN MIT EI

250 g Weichweizenmehl, 110 ml Flüssigkeit (1 Ei, 1 Eigelb + Rest Wasser)

TEIGPLATTEN OHNE EI

250 g Hartweizengrieß (bevorzugt doppelt gemahlen), 110 ml Wasser

Mehl oder Grieß in die Maschine geben.

Maschine starten und Flüssigkeit langsam hinzugeben.

2x Den Teig insgesamt 2-mal kneten und anschließend 20 Minuten ruhen lassen (Siehe Seite 32).

Während der Ausgabezeit den Deckel der Knetkammer nicht öffnen, damit der Teig eine gleichbleibende Feuchtigkeit behält. Auf diese Weise reißen die Teigplatten nicht so schnell ein. Die ersten Nudelplatten können noch etwas uneben sein. Diese abschneiden, in kleine Klümpchen formen und gegen Ende der Ausgabezeit zurück in die Knetkammer geben. Die Teigplatten kommen mit einer leichten Wölbung aus der Maschine und müssen vorsichtig plattgedrückt werden. Am besten nicht mehlen, da sie sonst beim Füllen nicht mehr gut aneinanderhaften können.

Kochzeit: 4 bis 6 Minuten
Je dicker die Teigschichten, desto länger brauchen die Nudeln zum Garen. Aus dem Wasser holen, sobald die Ränder bissfest sind.

Empfohlene Matrize
Die Rezepte eignen sich für alle Lasagne-Matrizen. Die Matrize von Philips hat eine Dicke von 0,8 mm. Es gibt dünnere Matrizen anderer Hersteller. Eine gute Dicke wäre 0,6 mm. Es gibt auch eine verstellbare Matrize von Pastidea, die zwischen 0,5 mm und 2 mm dicke Teigplatten ausgeben kann.

TIPP

Da der Teig möglichst geschmeidig, reißfest und lange feucht bleiben soll, ist ein Eierteig aus Weichweizenmehl am besten geeignet. Teig aus Hartweizengrieß trocknet schneller aus und muss zügiger verarbeitet werden.

Teigplatten immer mit Folie oder einem feuchten Tuch bedecken. Wenn sie zu klebrig sind, können auf einer Seite leicht bemehlt werden. Falls sie nicht mehr von alleine kleben, hilft ein wenig Wasser.

Kann ich ein Ravioli-Brett zum Füllen der Nudeln benutzen?

Die Teigplatten, die aus der Original-Matrize kommen (9 cm), sind oft zu schmal für handelsübliche Ravioli-Bretter. Es wird empfohlen, diese Teigbahnen nochmals per Hand auszurollen, auf diese Weise wird der Teig auch dünner. Mit externen, teils sogar verstellbaren, Lasagne-Matrizen sind breitere Teigbahnen (ca. von 10,5 bis 12 cm) möglich.

Wie sollte der Ablauf einer Ravioli-Produktion aussehen?

- Nudelteig in der Maschine zubereiten und ruhen lassen. In der Zwischenzeit die Füllung vorbereiten und bei Zimmertemperatur bereitstellen.
- Nudelteig ausgeben lassen. Die Teigplatten unter einem feuchten Tuch abgedeckt lagern. Teigplatten nach Wunsch zuschneiden. Z. B. in Quadrate oder Kreise ausstechen. Teigreste sammeln, gegen Ende wieder in die Knetkammer geben und weiter ausgeben lassen.
- Zugeschnittene Teigplatten einzeln entnehmen und befüllen. Beim Füllen sollte darauf geachtet werden, dass keine Luft mit eingeschlossen wird. Der Teig sollte die Füllung eng umschließen.
- Gefüllte Teigtaschen auf eine bemehlte Oberfläche legen. Sie müssen nicht mehr abgedeckt werden und können auch etwas antrocknen, bevor sie gekocht werden.

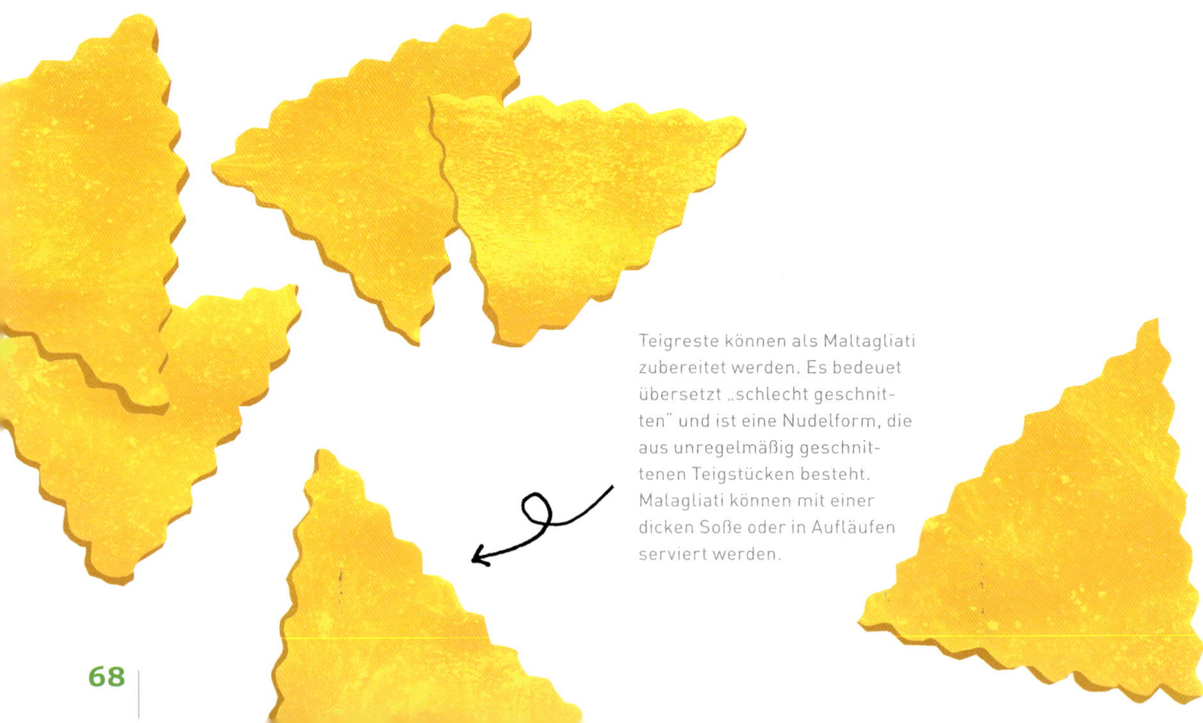

Teigreste können als Maltagliati zubereitet werden. Es bedeuet übersetzt „schlecht geschnitten" und ist eine Nudelform, die aus unregelmäßig geschnittenen Teigstücken besteht. Malagliati können mit einer dicken Soße oder in Aufläufen serviert werden.

Gebratenes Hackfleisch, Petersilie, Parmesan, Ei, Semmelbrösel, Muskat, Salz, Pfeffer.

Hackfleisch mit Petersilie vorher anbraten, nach dem Abkühlen in einem Mixer grob hacken. Mit den übrigen Zutaten vermischen und zu einer homogenen Masse verrühren. Anstatt Hackfleisch, kann rohes Wurstbrät verwendet werden.

Räucherlachs, Ricotta, Zitronenabrieb, Thymian, Muskat, Salz, Pfeffer.

Räucherlachs mit Ricotta und dem Zitronenabrieb in einem Mixer grob pürieren. Mit den restlichen Zutaten abschmecken. Anstatt Lachs können vorgegarte Garnelen oder eine Mischung aus beidem verwendet werden.

Gekochtes Hühnchen, Hühnerbrühe, Weißbrot, Parmesan, Ei, Salz, Pfeffer.

Hühnchen in einem Mixer fein hacken. Brot in etwas Hühnerbrühe einweichen, fein mixen und zu dem Fleisch geben. Mit den übrigen Zutaten würzen. Anstatt Hühnchen können auch Teile vom Enten- oder Gänsebraten verwendet werden.

Blanchierter Spinat, Ricotta, Parmesan, Zitronenabrieb, Muskat, Salz, Pfeffer.

Spinat, Petersilie und Ricotta zu einer feinen Masse pürieren. Parmesan unterrühren und mit den übrigen Zutaten würzen. Statt Spinat eignet sich auch Brennessel, Mangold oder Zucchiniblüte.

Ziegenkäse, Ricotta, Parmesan, Rosmarin, Honig, Salz, Pfeffer.

Ziegenkäse und Ricotta zu einer feinen Masse pürieren. Parmesan unterrühren und mit den übrigen Zutaten würzen. Anstatt Ziegenkäse kann auch Feta oder Gorgonzola verwendet werden.

Gebratene Steinpilze, Knoblauch, Ricotta, Parmesan, Trüffelöl, Salz, Pfeffer.

Steinpilze mit Knoblauch und Petersilie anbraten. Abkühlen lassen und mit Ricotta zu einer feinen Paste pürieren. Mit Parmesan, Trüffelöl und den restlichen Zutaten würzen. Getrocknete Pilze vor dem Anbraten einweichen.

Gebackener Kürbis, Mascarpone, Zimt, Orangenabrieb, Zwiebeln, Knoblauch, Salz, Pfeffer.

Kürbis im Ofen weich backen, Fruchtfleisch herauslösen und zusammen mit Zwiebeln und Knoblauch anbraten. Abkühlen lassen, mit Mascarpone mischen und den restlichen Zutaten würzen. Vor Verwendung im Kühlschrank fest werden lassen.

Gekochte Kartoffeln, Frischkäse, Saure Sahne, Zwiebeln, Knoblauch, Salz, Pfeffer.

Kartoffeln kochen, pellen und abkühlen lassen. Zwiebeln und Knoblauch anbraten. Die restlichen Zutaten dazugeben und zu einer cremigen Masse stampfen.

Sellerieknolle, Crème fraîche, Thymian, Muskat, Salz, Pfeffer.

Sellerieknolle im Ofen backen, Fruchtfleisch grob hacken und abkühlen lassen. Den Käse unterrühren und mit den restlichen Zutaten abschmecken. Im Kühlschrank fest werden lassen.

Gekochte Rote Bete, Feta, Rosmarin, Chili, geröstete Walnüsse, Honig, Salz, Pfeffer.

Rote Bete mit Feta und Walnüssen im Mixer grob hacken. Mit den übrigen Zutaten abschmecken. Anstatt Feta kann auch Gorgonzola, Camembert oder Ziegenkäse verwendet werden.

Ricotta, Parmesan, Ei, Lavendel, Salz, Pfeffer.

Ricotta mit geriebenen Parmesan und Ei unterheben. Mit fein gemahlenen Lavendelblüten, Salz und Pfeffer abschmecken.

Parmesan, Ricotta, Gorgonzola, Mozarella, Knoblauch, Salz, Pfeffer

Alle Käsesorten zu einer cremigen Paste verarbeiten. Knoblauch feinhacken, in etwas Öl anbraten und dazugeben. Mit Salz und Pfeffer abschmecken. Dazu passt auch etwas Fruchtiges wie Birne, Preiselbeermarmelade oder

Gebratene Pilze, Walnüsse, Petersilie, Zwiebeln, Knoblauch, Salz, Pfeffer.

Pilze mit Knoblauch und Zwiebeln anbraten. Walnüsse rösten. Alles zusammen mit frischer Petersilie zu einer dicken Paste mixen und abschmecken. Zum Abrunden kann Pflanzensahne oder Tofu verwendet werden.

Getrocknete Tomate, Oliven, Sonnenblumenkerne, Zwiebeln, Knoblauch, Basilikum, Salz, Pfeffer.

Alle Zutaten in Olivenöl anschwitzen. Abkühlen lassen, zu einer Paste pürieren und mit Salz und Pfeffer abschmecken.

Blanchierte Erbsen, Zitronenabrieb, Chili, Salz, Pfeffer.

Erbsen blanchieren und zu einer Creme pürieren. Mit den restlichen Zutaten abschmecken. Zum Abrunden kann pflanzliches Crème fraîche oder fester Tofu verwendet werden.

Basilikum, Cashewkerne, Knoblauch, Chili, Salz, Pfeffer.

Cashewkerne über Nacht einweichen. Zusammen mit Basilikum und Chili zu einer dickflüssigen Paste grob mixen. Mit Salz und Pfeffer abschmecken. Anstatt Basilikum kann auch blanchierter Spinat, Rucola oder Petersilie verwendet werden.

Ofengemüse, Salbei, Knoblauch, Chili, Salz, Pfeffer.

Gemüse im Ofen backen, abkühlen lassen und zu einer Paste pürieren. Gehackter Salbei und Knoblauch in der Pfanne knusprig rösten und dazugeben. Mit den restlichen Zutaten würzen. Karotte, Kürbis, Pastinake, Sellerie, Zwiebeln, Blumenkohl und Fenchel eignen sich gut.

Räuchertofu, Lauch, Apfel, Petersilie, Muskat, Salz, Pfeffer

Tofu, Lauch und Apfel anbraten, abkühlen lassen und im Mixer grob hacken. Gehackte Petersilie unterheben und mit den restlichen Zutaten abschmecken.

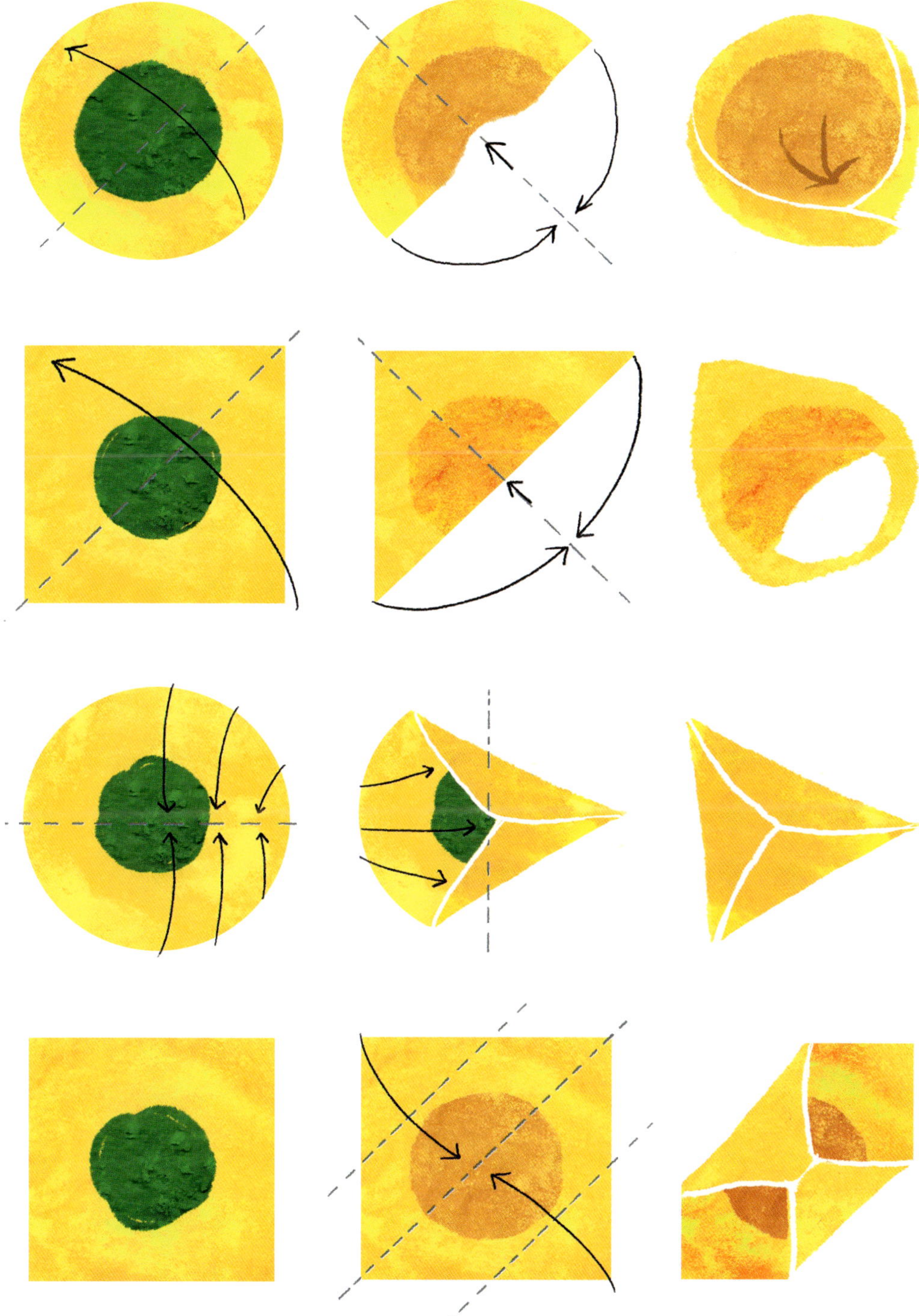

PENNE

Das Wort Penne kommt von dem lateinischen Wort „Penna", was Feder bzw. Federkiel bedeutet. **Charakteristisch sind Penne also Röhrennudeln, die abgeschrägte Enden haben, sodass sie der Spitze einer Schreibfeder ähneln.** Durch die schräggeschnittene Öffnung kann die Nudelsoße besser in die Röhre hineingelangen, da Penne ja recht dünne Röhrennudeln sind. Die Nudeln gibt es in glatt (liscio) oder geriffelt (rigato).

Je nach Größe, Länge, Durchmesser und Riffelung der Nudeln, gibt es wieder unterschiedliche Namen und Sorten. **Rigatoni z. B. haben einen größeren Durchmesser als Penne und sind immer geriffelt.** Durch ihren größeren Durchmesser brauchen sie die schräge Öffnung nicht, da die Soße auch so gut hineingelangen kann.

Was Röhrennudeln dieser Art gemeinsam haben, ist die Tatsache, dass sie maschinell mit dem Extruder-Verfahren hergestellt werden. Sie bestehen nur aus Hartweizengrieß und Wasser. **Um die schräge Schnittkante zu erzeugen, können die Nudeln ganz lang ausgegeben werden und nachträglich mit einem Messer schräg geschnitten werden.** Das Messer muss scharf sein und der Teig nicht zu feucht, da die Enden sonst zusammenkleben. Mit etwas Mehl bestäubt gelingt das Schneiden leichter. Es gibt auch besondere Bronze-Matrizen, die eine abgeschrägte Vorrichtung haben, sodass direkt an der Maschine schräge Nudeln abgeschnitten werden.

Die Penne-Matrize von Philips ist etwas dicker (1,75 mm). Ähnlich wie bei der Pappardelle- oder Tagliatelle-Matrize ist es Geschmackssache, ob einem die Nudeln zu dick sind oder nicht.

Mit einem Rezept ohne Ei gehen die Nudeln nicht weiter auf und erhalten so gut ihre Form. Es gibt aber auch dünnwandigere Matrizen zu kaufen. Diese haben in der Regel eine Wandstärke von 1,1 mm bis 1,5 mm.

Richtige Penne-Matrizen gibt es jedoch selten. In den meisten Fällen ist es eine Rigatoni-Matrize, so auch beim Pastamaker.

Penne sind an beiden Enden
schräg abgeschnitten.
So gelangt die Soße besser
in den Hohlraum der Nudeln.

PENNE

Zutaten für 2 Portionen

250 g Hartweizengrieß, 95 ml heißes Wasser

Grieß in die Maschine geben.

Maschine starten und Flüssigkeit langsam hinzugeben.

2x Den Teig insgesamt 2-mal kneten und anschließend 20 Minuten ruhen lassen (Siehe Seite 32).

Um Penne zu erhalten, lange Nudeln ausgeben lassen und auf einer Arbeitsplatte schräg abschneiden. Wenn die Nudeln direkt an der Matrize gerade abgeschnitten werden, sind es Rigatoni.

Kochzeit: 3 bis 4 Minuten
Die Nudeln werden schnell gar, da im Teig kein Ei enthalten ist.

Empfohlene Matrize
Es gibt eine Vielzahl an Röhrennudel-Formen wie Maccheroni, Curvo, Creste di Gallo, Canestri, Zitone, Rigatone, Sedanino, Cannelone, Candele, Esagoni, Quadrati, Paccheri, Bucatini oder Cellentani.

TIPP

Auch wenn einem die Original-Matrize zu dick ist, sollte sie nicht gleich entsorgt werden. Kurz geschnitten sind das sehr schöne Suppennudeln. Matrizen aus POM sind auch gut für glutenfreie Teige geeignet, da der Teig weniger daran kleben bleibt. Wer glutenfreie Röhrennudeln möchte, sollte diese Matrize behalten.

Kurzgeschnitten sind die Nudeln ideal für Nudelsalate, als Suppeneinlage oder auch Hundeleckerlis.

Wie werden Penne am effektivsten schräg abgeschnitten?
Die Nudeln bei der Ausgabe mit der Hand anheben und zu lange Röhren ausgeben lassen. Die Länge richtet sich nach dem eigenen Schneidebrett. Dann mit Mehl bestäuben und schräg untereinander hinlegen, sodass alle auf einmal geschnitten werden können. Mit einem scharfen Messer in einem 30° Grad Winkel in 5 bis 6 cm lange Nudeln schneiden. Die Enden können wieder in die Knetkammer gegeben werden. Zusammengeklebte Nudeln können durch leichtes Andrücken wieder geöffnet werden.

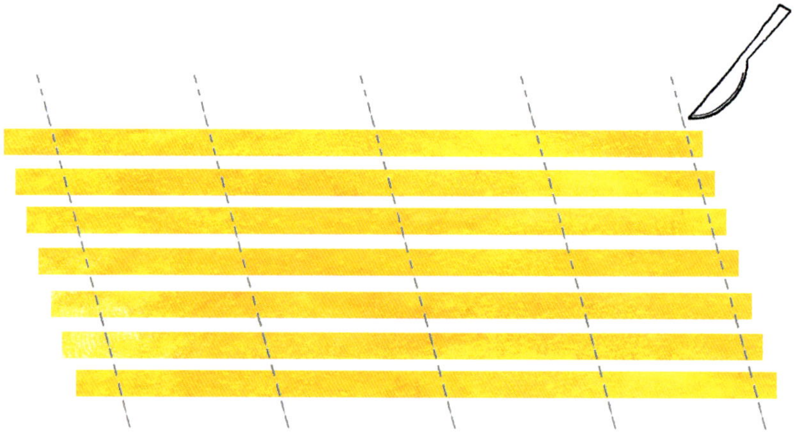

Wenn der Teig zu feucht ist, behalten Röhrennudeln ihre Form nicht und werden vom Teigschaber leicht zerdrückt .

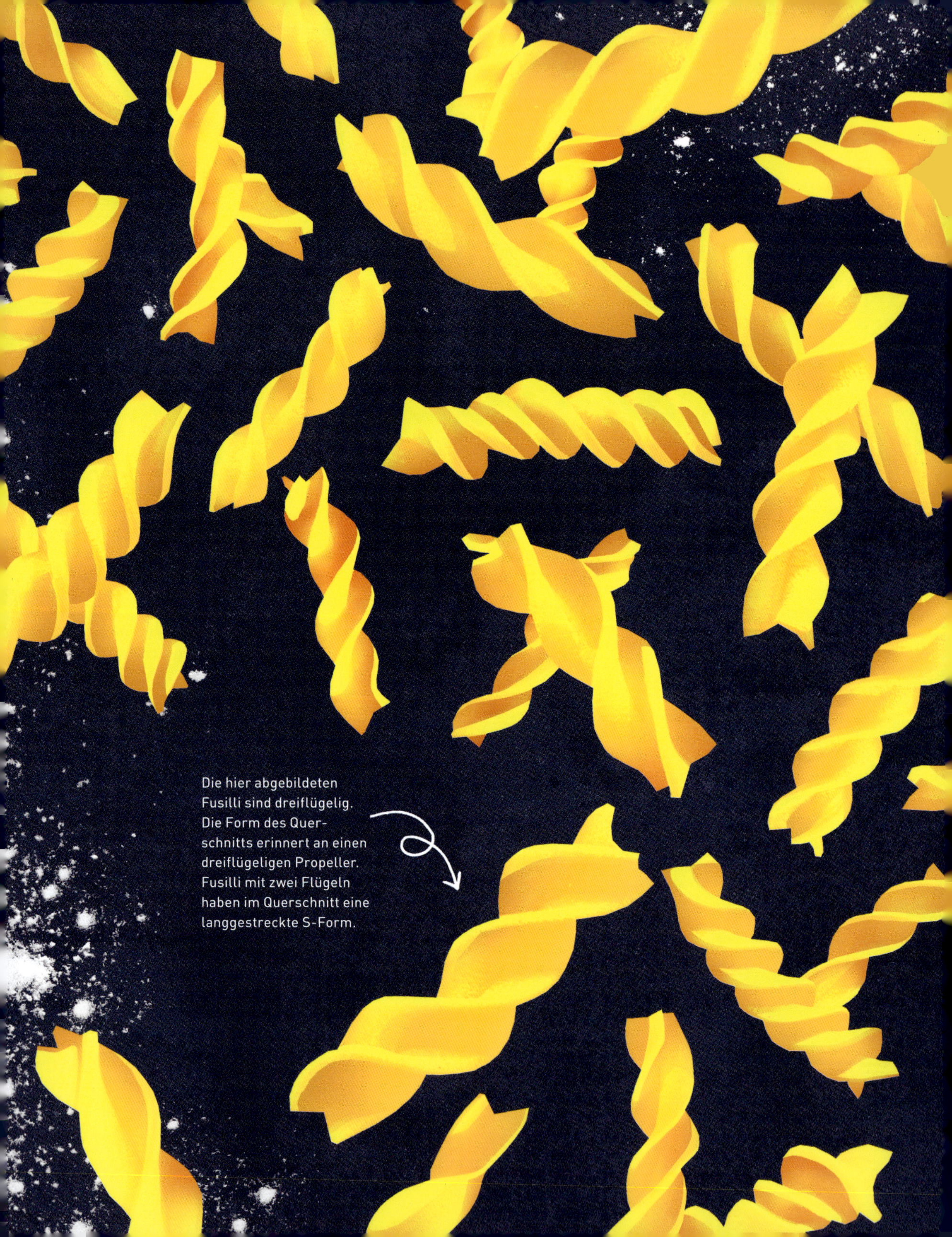

Die hier abgebildeten Fusilli sind dreiflügelig. Die Form des Querschnitts erinnert an einen dreiflügeligen Propeller. Fusilli mit zwei Flügeln haben im Querschnitt eine langgestreckte S-Form.

FUSILLI

Fusilli kommt von dem italienischen „fuso“ für Spindel. Traditionell sind das handgemachte Nudeln, die um einen dünnen Stab aus Holz oder Metall gewickelt werden und dadurch eine korkenzieherähnliche Form bekommen. Diese können so lang sein wie Spaghetti. Der Teig besteht aus Hartweizengrieß oder Weichweizenmehl. Oft werden auch beide Mehlsorten gemischt. **Handgemachte Fusilli ähneln den maschinengefertigten Fusilli überhaupt nicht.** Sie haben nur die Gemeinsamkeit, dass sie sich spindelartig drehen.

In Deutschland und dem Rest der Welt sind die maschinengefertigten Fusilli am verbreitetsten. Die Nudeln sind auch unter dem Namen Spirelli oder Spiralnudeln bekannt.
Sie können drei Flügel haben oder auch nur zwei und heißen je nach Größe und Form etwas anders. **Maschinell gefertigte Nudeln drehen sich nur bei optimalen Teigbedingungen von selbst.** Aus diesem Grund gilt diese Matrize in der Pastamaker-Community als besonders schwierig. **Ist der Teig zu feucht, können die Nudeln nicht die nötige Spannung aufbauen, die sie zum Drehen bewegt.** Das Problem ist allerdings, dass je nach Grießsorte und Marke es unterschiedlich sein kann, wann ein Teig genau richtig ist und wann nicht. Deswegen helfen hier selbst genaue Grammangaben nicht, da nicht jede/r dasselbe Mehl verwendet.

Wenn der Teig von Anfang an zu trocken ist, stoppt die Maschine wegen Überlastungsgefahr.
Aus diesem Grund erst mit einem normalen Teig anfangen, sodass die Maschine warmlaufen kann.
Danach wird Mehl hinzugegeben, um einen trockeneren Teig zu erhalten.

Zutaten für 2–3 Portionen

FUSILLI OHNE EI

250 g Hartweizengrieß, 90 ml Wasser, 3 bis 4 EL Weichweizenmehl

FUSILLI MIT EI

250 g Hartweizengrieß, 95 ml Flüssigkeit (davon 1 Ei + Rest Wasser), 3 bis 4 EL Weichweizenmehl

Grieß in die Maschine geben.

Maschine starten und Flüssigkeit langsam hinzugeben.

2x

Den Teig insgesamt 2-mal kneten und anschließend 20 Minuten ruhen lassen (Siehe Seite 32).

Nudeln ausgeben lassen. Die ersten Nudeln, die rauskommen, werden sich nur leicht bis kaum drehen. Einfach abschneiden und wieder zurück in die Maschine werfen. Nun nach und nach etwas Weizenmehl in die Maschine geben. Keine Sorge, die Maschine dreht sich beim Ausgeben ja trotzdem weiter und vermischt das Mehl sehr gut mit dem Restteig.

Falls nach mehreren Nudeln, immer noch keine schönen heraus-kommen, etwas mehr Mehl hinzugeben. Nach einer Weile sollten die Nudeln gedreht herauskommen. Danach Nudeln wie gewohnt ausgeben lassen und beliebig weiterverarbeiten.

Hat die Maschine es nicht geschafft die Nudeln in einem Durchlauf auszugeben, muss die Taste „Knetvorgang Wiederholen" betätigt werden, damit es weitergeht. Den Teig, der aus der Spirale herausgedreht wird, kann einfach in kleine Stücke gezupft und in etwas Mehl gewälzt werden.

TIPP

Aus Erfahrung wird der Teig nicht wirklich trockener, wenn mehr Hartweizengrieß zugegeben wird, da er die Feuchtigkeit nicht so schnell aufnehmen kann. Mit Weizenmehl geht das viel schneller. 3 bis 4 Esslöffel Mehl auf 250 g Hartweizengrieß genügen.

Alternativ zu Weizenmehl kann einfach doppelt gemahlener Hartweizengrieß genommmen werden. Dabei lieber vorsichtig herantasten und maximal 1 EL auf einmal hinzugeben.

Teig mit viel Ei tendiert dazu, nach der Ruhephase trockener zu werden, da das Ei eintrocknet. Aus diesem Grund kann es passieren, dass es von Anfang an schwieriger ist, den Teig aus der Maschine zu pressen. Die Ausgabe kann sehr langsam erfolgen.
Die Maschine etwas laufen lassen, bis die Matrize warm geworden ist. Falls die Nudelausgabe bis dahin immer noch sehr langsam geschieht, kann etwas Wasser (wirklich nur ein paar Tropfen oder mit einem Zerstäuber) zum Teig hinzugefügt werden.

Sobald die Nudeln in einer guten Geschwindigkeit aus der Maschine kommen und sich aber immer noch nicht drehen, kann nun etwas Mehl hinzugegeben werden, bis sie sich drehen.

Ist der Teig zu feucht, liegen die Spiralen weiter auseinander oder drehen sich gar nicht.

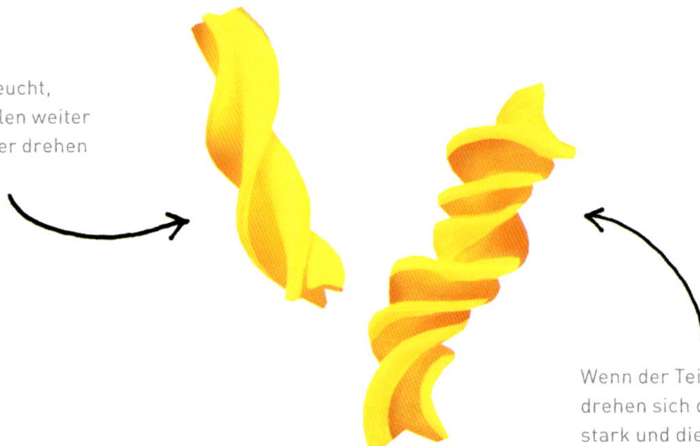

Wenn der Teig zu trocken ist, drehen sich die Nudel sehr stark und die Spiralen liegen eng aneinander.

Wie werden unendlich lange Fusilli gemacht?

Fusilli drehen sich nur von selbst, wenn sie horizontal aus der Maschine ausgegeben werden können. Sobald die Nudeln eine gewisse Länge erreicht haben, beginnen sie wegen der Schwerkraft herunterzuhängen. Ab diesem Moment stoppt die Drehung. Einfach die Nudeln mit den Händen stützen und leicht mitdrehen. So entstehen unendlich lange Fusilli.

Kochzeit: 2 bis 5 Minuten
Fusilli ohne Ei können leicht verkochen. Mit Ei im Teig können sie bis zu 5 Minuten benötigen.

Empfohlene Matrize
Fusilli 3P oder A3 (dreiflügelig), Fusilli 2P oder A2 (zweiflügelig), Trecce, Tagliatelle Girate, Rotini oder Fusillini. Weitere gewellte Nudelsorten sind Tripolina, Giglio, Funghi, Mafalde, Reginette, Caserecce oder Torchietti.

Man kann bei einigen Firmen auch eigene Motivnudel-Matrizen herstellen lassen.

köpfe an Halloween, Kleeblätter zu Silvester oder Engel, Schneeflocken und Tannenbäume zu Weihachten. Besonders gut machen sie sich als Suppeneinlage oder im Nudelsalat.

Jedoch gehören Motivnudeln zu den eher schwierigen Nudelsorten, denn es gibt viele Besonderheiten zu beachten. Diese Nudelsorte ist zerbrechlicher und benötigt einen besonders stabilen Teig, damit sie nicht während des Kochens oder beim Wenden in der Soße brechen.

Aus eigener Erfahrung liefert ein Nudelteig mit reinem Hühnereiweiß als Bindemittel die besten Ergebnisse. Die Nudeln sind stabil und gehen nicht auf. Wenn keine Eier verwendet werden, können kochend heißes Wasser oder ein anderes Bindemittel wie Johannisbrotkernmehl oder Glutenpulver helfen.

MOTIVNUDEL OHNE EI

250 g Hartweizengrieß, 95 ml kochend heißes Wasser

MOTIVNUDEL MIT EI

250 g Hartweizengrieß, 95 ml Flüssigkeit (2 Hühnereiweiß + Rest Wasser)

Grieß in die Maschine geben.

Maschine starten und Flüssigkeit langsam hinzugeben.

2x Den Teig insgesamt 2-mal kneten und anschließend 20 Minuten ruhen lassen (Siehe Seite 32).

Nudeln ausgeben lassen. Die ersten Nudeln werden sehr fransig und bröselig aus der Maschine kommen. Die Maschine weiter laufen lassen, bis die Matrize warm gelaufen ist. Danach können die Nudeln wie gewohnt ausgegeben werden. Beim Abschneiden zügig arbeiten und am besten einen scharfkantigen Teigschaber verwenden.

Kochzeit: 2 Minuten
Besonders bei der Verwendung als Suppeneinlage sollten die Nudeln noch kürzer gekocht werden als sonst, da sie ja weiter in der heißen Suppe ziehen werden.

Empfohlene Matrize

Das Rezept eignet sich für jede Motivnudel-Matrize, egal ob aus Bronze oder POM. Einige Matrizenhersteller fertigen auch individuelle Motivnudel-Matrize auf Anfrage. Z. B. die eigenen Initialen, das Firmenlogo oder andere Sonderwünsche.

TIPP

Am Anfang immer wieder die Stabilität der Nudeln testen. Dabei eine Nudel in die Hand nehmen und sachte von allen Seiten darauf drücken. Wenn sich irgendwo eine Stelle löst und die Nudel bricht, ist der Teig noch zu instabil. Das betrifft vor allem die ersten Nudeln, die aus der Maschine rauskommen. Diese Nudeln sammeln und wieder in die Knetkammer werfen.

GNOCCHI

Gnocchi sind kleine Teigklößchen, die ähnlich wie Pasta mit einer Soße oder in der Suppe gegessen werden. In Italien gibt es sie mit unterschiedlichen Zutaten und Formen. **Sie bestehen nicht immer aus Kartoffeln,** sondern können Kürbis, Spinat, Kräuter, Eier, Ricotta, Parmesan oder andere Käsesorten enthalten. Es gibt auch Varianten, in denen anstatt Wasser Milch verwendet wird. Statt Weichweizenmehl oder Hartweizengrieß können auch Maronenmehl, Maismehl, Roggenmehl und sogar Reismehl verwendet werden.

Frische Gnocchi werden traditionell von Hand hergestellt. Der Teig ist sehr feucht. **Pro einem Kilo Kartoffeln werden durchschnittlich 300 g Weichweizenmehl benötigt.**
Die Kartoffeln werden gekocht oder gebacken, im warmem Zustand gepellt und mit Mehl locker zu einem homogenen Teig vermengt.
Daraus werden lange Teigschlangen geformt, welche dann in kleine Stücke geschnitten werden.

Die Teigkissen können bereits in dieser Form gekocht werden, meist werden sie aber nochmal zusätzlich mit einem Werkzeug z. B. einer Gabel bearbeitet, sodass sie ihr typisches Rillenmuster bekommen. Gnocchi lassen sich auch mit den Händen rollen. Mit den Fingern und mit leichtem Druck in einer rollenden Bewegung über den Tisch oder über ein gerilltes Holzbrett ziehen. **Auf diese Weise bekommen sie auf der Unterseite eine leichte Wölbung,** die später die Soße gut aufnehmen kann.

Mit der speziellen Kartoffel-Matrize können Kartoffelgnocchi und verwandte Arten wie z. B. Gnocchi aus Süßkartoffeln, Kürbis oder auch mit Ricotta zubereitet werden. Der Teig muss dafür viel trockener sein als bei handgemachten Gnocchi.

Zutaten für 2 Portionen

KARTOFFEL-GNOCCHI OHNE EI

250 g gekochte Kartoffeln, 120 g Hartweizengrieß, 120 g Kartoffelstärke, 1 Prise Salz

KARTOFFEL-GNOCCHI MIT EI

300 g gekochte Kartoffeln, 80 g Kartoffelstärke, 110 g Weichweizenmehl, 1 Ei

Kartoffeln vom Vortag schälen und mit einer Reibe oder Kartoffelpresse zerkleinern. Zusammen mit den restlichen trockenen Zutaten in die Maschine geben.

Maschine anschalten. Je nach Rezept noch das Eigelb zugeben. KEINE weitere Flüssigkeit hinzufügen.

Den Teig nur einmal kneten und nicht ruhen lassen. Wenn der Teig zu lange knetet, wird er wie Gummi.

Gnocchi ausgeben lassen. Zügig arbeiten und alle Gnocchi auf eine gut bemehlte Fläche, eine Mischung aus Hartweizengrieß und Stärke, fallen lassen. Die Gnocchi kommen wirklich sehr schnell raus. Zügig arbeiten, da sich sonst sofort ein langer Kartoffelteig bildet. Zu lange Gnocchi werden einfach wieder in die Maschine geworfen. Gegen Ende wird der Teig feuchter, dann etwas Hartweizengrieß und Stärke hinzufügen.

Man braucht mehligkochende oder vorwiegend festkochende Kartoffeln. Frischgekochte Kartoffeln sind für den Teig, den der Pastamaker braucht, zu feucht. Deswegen die Kartoffeln vorkochen und ein paar Tage lang im Kühlschrank austrocknen lassen. Alternativ das Gemüse im Ofen schonend backen, pellen und ausdampfen lassen.

TIPP

300 g Kartoffeln entsprechen ungefähr 2,5 gekochten großen Kartoffeln. Das macht nicht unbedingt satt. Aus 500 g Kartoffelteig werden höchstens 2 oder 3 Portionen Gnocchi. Wenn für 4 Personen oder mehr gekocht wird, ist die Maschine zu klein.

Der Trick ist, das Rezept zu verdoppeln und den Teig separat in einer Schüssel zu mischen (locker mit den Händen). Der Teig wird dann nach und nach und nur zur Ausgabe in die Maschine gegeben. Dafür einfach den Sofort-Ausgabe-Knopf drücken.

Zutaten für 2 Portionen

GNOCCHI MIT RICOTTA

250 g Ricotta, 100 g Hartweizengrieß, 120 g Weizenmehl, 1 Eigelb, 3 EL geriebener Parmesan, 1 Prise Salz

GNOCCHI MIT KÜRBIS

250 g Kürbispüree, 100 g Hartweizengrieß, 120 g Weizenmehl, 1 Eigelb, 1 Prise Salz

Ricotta abtropfen lassen und direkt in die Maschine geben. Genauso mit dem Püree verfahren. Trockene Zutaten dazugeben.

Maschine anschalten. Je nach Rezept noch das Eigelb zugeben. KEINE weitere Flüssigkeit hinzufügen.

Den Teig nur einmal kneten und nicht ruhen lassen. Wenn der Teig zu lange knetet, wird er wie Gummi.

Gnocchi ausgeben lassen. Zügig arbeiten und alle Gnocchi auf eine gut bemehlte Fläche, eine Mischung aus Weichweizenmehl und Stärke, fallen lassen. Die Gnocchi kommen wirklich sehr schnell raus. Es bildet sich sofort ein langer Kartoffelteig, wenn nicht schnell genug abgeschnitten wird. Zu lange Gnocchi einfach wieder in die Maschine werfen. Gegen Ende wird der Teig feuchter, dann etwas Hartweizengrieß und etwas Stärke hinzufügen.

Kochzeit: 2 bis 5 Minuten
Die Kochzeit ist relativ kurz. Wenn mehr Hartweizengrieß im Teig ist brauchen die Gnocchi länger, obwohl sie schon oben schwimmen. In diesem Fall vor dem Abschütten erst probieren.

Besonders lecker schmecken Gnocchi in gebräunter Butter mit Kräutern wie Salbei, Petersilie oder Rosmarin.
Die Butter wird goldbraun geröstet, sodass sie ein nussiges Aroma bekommt.

Empfohlene Matrize
Es gibt eine spezielle Matrize für Kartoffel-Gnocchi, die sich „gnocchi di patate" nennen. Es funktioniert auch mit großen Grissini-Matrizen. Die Gnocchi kurz abschneiden und nach Wunsch mit einer Gabel oder einem Gnocchibrett bearbeiten, um das Rillenmuster zu erhalten.

TIPP

Kürbis oder andere mehlige Gemüsesorten wie Karotte oder Süßkartoffel sollten am besten weichgebacken werden. So ist der Geschmack intensiver und das Püree nicht zu feucht. Besonders Süßkartoffeln sind sehr feucht, von daher sollte weniger davon zugegeben werden oder ein Teil mit Kartoffeln gemischt werden. Wenn der Teig noch zu klebrig ist, kann mit Weizenmehl oder Kartoffelstärke nachjustiert werden. Nicht mit zu viel Hartweizengrieß arbeiten, da die Gnocchi sonst hart werden.

UDON

Udon sind japanische, dicke Weizennudeln. **Sie bestehen nur aus Weichweizenmehl, Salz und Wasser.** Die Nudeln sind in der Regel sehr elastisch und besitzen eine helle Farbe. Sie werden entweder gebraten mit Gemüse und Fleisch (Yaki-Udon) gegessen, als Suppeneinlage oder auch kalt in einen Dip getunkt (Zaru-Udon).

Handgemachte Udon werden traditionell mit den Füßen geknetet, da der Teig so trocken ist, dass er mit der Hand oder einer Küchenmaschine nicht zu bewältigen ist.

Der Teig wird unter eine Folie gelegt. Dann kommt ein Tuch darüber und es wird mit dem gesamten Körpergewicht langsam darauf herumgetreten bis der Teig flach geworden ist. Dann wird der Teig wieder ausgepackt, gefaltet und das Ganze mehrmals wiederholt bis der Teig schön glatt und geschmeidig ist.

Nach einer längeren Ruhezeit kann der Teig ausgerollt werden und mit einem speziellen Messer zu dicken Nudeln geschnitten werden. Durch das Schneiden bekommen die Udon ihre typisch eckige Form.

Udon aus dem Pasta-Extruder können nicht mit handgemachten Nudeln eines Udon-Meisters verglichen werden. Sie sind jedoch eine gute Alternative zu den getrockneten oder semifrischen industriell hergestellten Nudeln, die sonst im Asiamarkt erhältlich sind.

Mit dem Basis-Udonrezept und der Zugabe von etwas Kansui können auch einige chinesische Nudelsorten hergestellt werden.

UDON

Zutaten für 2 Portionen

250 g Weichweizenmehl, 90 ml Wasser, 5 g Salz

Mehl und Salz in die Maschine geben.

Maschine starten und Flüssigkeit langsam hinzugeben.

2x Den Teig insgesamt 2-mal kneten und anschließend 20 Minuten ruhen lassen (Siehe Seite 32).

Nudeln ausgeben lassen. Die ersten 2 Nudelnester nach dem Ausgeben zusammenfalten, in kleine Klümpchen formen und wieder in die Maschine geben. Danach Nudeln wie gewohnt ausgeben lassen und beliebig weiterverarbeiten.

Kochzeit: 7 bis 14 Minuten
Die Kochzeit ist sehr lang, da die Nudeln dick sind und viel Salz enthalten. Außerdem bekommen die Nudeln nur so ihre spezielle Textur, sehr weich und seidig, aber mit Elastizität und Biss. Die Nudeln müssen unbedingt nach dem Kochen unter kaltem, fließenden Wasser gewaschen werden. Dadurch wird die Stärke weggewaschen, die Nudeln schmecken nicht mehr teigig und die Brühe bleibt klar. Das kalte Wasser sorgt dafür, dass sich die Nudeln zusammenziehen und so den besonderen Biss bekommen. Dieser Schritt sollte niemals übersprungen werden.
Für Suppe werden die Nudeln ganz kurz in heißem Wasser aufgewärmt und dann in der Brühe serviert. Ansonsten werden sie kalt in die Pfanne gegeben oder für kalte Nudelgerichte verwendet.

Empfohlene Matrize
Der Philips Pastamaker in Japan wird unter der Bezeichnung „Philips Noodlemaker" verkauft. Er wird mit einem extra Aufsatz für Udon geliefert, der in Deutschland schwer zu bekommen ist. Im Internet sind hier und da Verkäufer zu finden, die 70 Euro oder mehr dafür haben wollen und hinzu käme noch teurer Versand.

Als Alternative einfach die „Fettucine"-Matrize von Philips verwenden.Mit der POM-Matrize von capo12 „Spaghettone Quadro" (Durchmesser 3,2 mm) lassen sich auch schöne Udonnudeln herstellen.

TIPP

Die Nudeln können mit Matcha (Grünteepulver) oder Sakura (salzig eingelegte Kirschblüten) aromatisiert werden. Der frische Geschmack von Grüntee oder gesalzenen Kirschblüten kommt besonders bei kalten Udongerichten zur Geltung. Mit der Zugabe von 1 TL Kansui auf 90 ml Wasser können chinesische Weizennudeln hergestellt werden. Für extra „Chewyness" kann das Mehl mit 50 g Tapiokastärke ersetzen.

4 EL Sesam, 1 EL Sesamöl, 4 EL Mayo, 1 EL Reisessig, 2 EL Sojasoße, 1 EL Zucker, 1/2 TL Salz.

Sesam rösten und in einem Mörser zu einer Paste zerreiben. Sesamöl, Mayo, Essig hinzugeben und zu einer Soße verrühren. Mit Zucker und Salz abschmecken. Die Soße kann als Dressing oder zum Dippen für Udon und Soba verwendet werden.

4 EL Sojasoße, 1 EL Apfelessig, 1 EL Sesampaste, 1 EL Sesamöl, 1 TL Doubanjang-Paste, Ingwer.

Ingwer fein reiben und mit allen übrigen Zutaten zu einem würzig scharfem Dressing vermischen. Dazu passen fein geschnittene knackige Gurken, Omelettstreifen, frittierter Tofu oder Hühnchen.

4 EL Walnüsse, 1 EL Misopaste, 2 EL Reisessig, 1 EL Sojasoße, 2 TL Zucker.

Walnüsse anrösten, in ein Tuch geben und zerreiben, sodass sich die bittere Schale löst. In einen Mörser zu einer Paste zerreiben. Mit Misopaste, Reisessig, Soja-soße und Zucker zu einem dickflüssigen Dressing verrühren. Es passt zu blanchiertem Gemüse, Udon und Soba.

Knoblauch, Frühlingszwiebeln, Chiliflocken, Sojasoße, schwarzer Essig, Szechuanpfeffer, Salz, Zucker, Öl.

Knoblauch feinhacken, Frühlingszwiebeln in Ringe schneiden. Alle Zutaten über die gekochten Nudeln in eine Schüssel geben. Alles mit kochend heißem Öl (ca. 4 EL pro Portion) übergießen und sofort vermischen. Dazu passt blanchiertes Gemüse wie Spinat oder Pak Choi. Für dieses Gericht werden breite, helle Weizennudeln bevorzugt.

4 EL Erdnüsse, 1 EL Erdnussbutter, 1 EL Sesampaste, 1 EL Sesamöl, 1 EL Reisessig, 3 EL Sojasoße, Knoblauch, Zucker.

Erdnüsse rösten und grob hacken. Restliche Zutaten zu einem dickflüssigen Dressing verrühren. Dazu passen helle Weizennudeln oder Eiernudeln. Als Topping passen Gurke und gehackte, geröstete Erdnüsse.

1 EL Erdnussbutter, 1 EL Sesampaste, 1 EL Sesamöl, 2 TL Crispy Chili Öl, 3 EL Sojasoße, 1 EL schwarzer Essig, Zucker.

Alle Zutaten zu einem scharf-würzigen Dressing vermischen. Dazu passen helle Weizennudeln und Ramennudeln. Als Topping passen Gurke, Frühlingszwiebeln und scharf angebratenes Hackfleisch.

TIPP

Kalte Nudelgerichte werden gerne im Sommer verzehrt. Oft werden die Nudeln sogar mit Eiswürfeln serviert. Das Schlürfen und Essen von eiskalten Nudeln kühlt den Körper von innen und ist eine Wohltat.

Bei Gerichten, die nur mit einem Dressing oder wenig Brühe auskommen stehen die Nudeln im Vordergrund. Es ist wichtig, dass sie guten Geschmack und den richtigen Biss haben.

Welches Weizenmehl ist für Udon am besten geeignet?

Anders als bei Ramen und Mie-Nudeln wird bei Udonnudeln weicheres Mehl, also Mehl mit weniger Glutenanteil, bevorzugt. **Das Pastamehl tipo 00, Cake Flour** oder das handelsübliche Mehl 405 sind gut geeignet. Es wird auch gerne weiches Mehl mit glutenreichem, harten Mehl 1:1 gemischt. Z. B. ein Teil tipo 00 Weichweizenmehl und ein Teil Bread Flour. Manchmal wird dem Weizenmehl extra Tapiokastärke zugefügt, um die Elastizität zu erhöhen.

Wieso schmecken Weizennudeln so teigig?

Die Nudeln müssen nach dem Kochen unter kaltem Wasser gewaschen werden, da sonst sehr viel Stärke an den Nudeln hängen bleibt. Die Nudeln schmecken sonst sehr teigig und weich. Nudeln aus reinem Weizenmehl (mit Ausnahme von Eiernudeln und Ramennudeln) sollten unbedingt gewaschen werden. Ein anderer Grund kann der Einsatz von Vollkornmehl sein. Zu viel Vollkornmehl kann die Glutenverbindung im Teig stören, sodass die Nudeln einen weichen, teigigen Biss bekommen. Auch das **Mehlen der Nudeln in Speisestärke** anstatt Weizenmehl verhindert die Bildung von zu viel Stärke an den Nudeln, da die Stärke beim Kochen von den Nudeln abfällt.

Wie können Udonnudeln getrocknet werden?

Da die Nudeln so dick sind, lassen sie sich sehr schwer bis gar nicht trocknen. Besser wäre es, sie frisch zu verzehren oder einzufrieren. Sie können leicht in Stärke gewendet werden und portionsweise eingefroren werden. Sie kommen unaufgetaut ins kochende Wasser und brauchen fast genauso lang wie frische Nudeln.

Udon und Soba werden oft in einer Dashibrühe serviert. Sie besteht aus getrocknetem Bonito-Thunfisch, Kombu-Algen, Sojasoße und Mirin. Sehr beliebt ist Tempura Udon, wo als Topping frittierte Garnele und Gemüse verwendet wird.

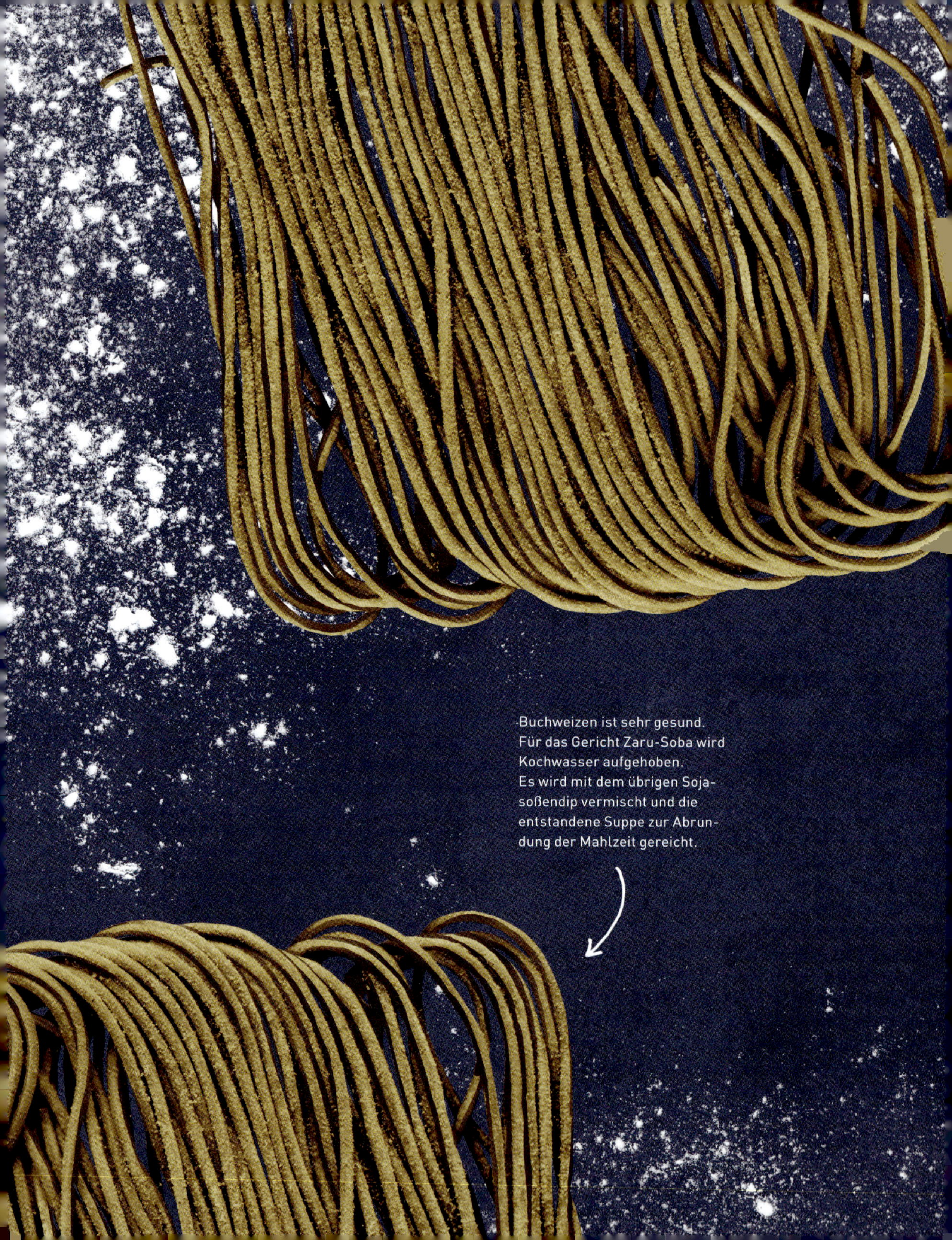

Buchweizen ist sehr gesund. Für das Gericht Zaru-Soba wird Kochwasser aufgehoben. Es wird mit dem übrigen Sojasoßendip vermischt und die entstandene Suppe zur Abrundung der Mahlzeit gereicht.

SOBA

Soba gehören neben Udon und Somen zu den klassischen japanischen Nudelsorten. **Sie werden aus Buchweizenmehl und Weichweizenmehl hergestellt.**

Soba spielen in der japanischen Tradition eine große Rolle und werden zu speziellen Anlässen gegessen. Es gibt z. B. den Brauch zum Neujahrsfest, Soba noch im alten Jahr zu servieren, denn das bringt finanzielles Glück im neuen Jahr. Auch bei größeren Veränderungen im Leben, wie bei einem Umzug, wird Soba gegessen um Glück zu erlangen. Die Länge der Nudeln steht symbolisch für ein langes Leben oder eine lange Freundschaft.

Die verbreitetsten japanischen Soba bestehen aus 80% Buchweizenmehl und 20% Weizenmehl und sonst nur aus Wasser und Salz. Buchweizenmehl ist glutenfrei. Deswegen klebt das Mehl nicht gut zusammen und die Nudeln sind sehr brüchig. Durch jahrelange Perfektion im Kneten des Teiges, haben die Nudelmeister es geschafft, aus dieser Teigzusammensetzung trotzdem elastische Nudeln herzustellen. Der Nudelteig wird ausgerollt und mit einem Messer geschnitten.

Durch Optimierung im Saatgut und verbesserter Technologie können Sobanudeln maschinell hergestellt werden. Diese können sogar aus 100% Buchweizen bestehen.
Die heimische Nudelmaschine kann das leider nicht. **Aus diesem Grund muss der Weizenmehlanteil erhöht werden.** Laut japanischer Definition können Nudeln, die mindestens 30% aus Buchweizenmehl bestehen, Soba genannt werden. Genau dieses Mischungsverhältnis wird hier empfohlen.

Es gibt auch Pastamaker-Rezepte mit einem höheren Buchweizenmehlanteil, dann wird dem Teig allerdings noch Ei hinzugefügt. Streng genommen sind das keine japanischen Soba-nudeln mehr, sondern deutsche oder italienische Buchweizen-Pasta.

SOBA

Zutaten für 2 Portionen

175 g Weichweizenmehl, 75 g Buchweizenmehl, 90 ml Wasser, 3 g Salz

Mehlsorten in die Maschine geben.

Das Salz mit dem Wasser verrühren. Maschine starten und Flüssigkeit langsam hinzugeben.

2x Den Teig insgesamt 2-mal kneten und anschließend 20 Minuten ruhen lassen (Siehe Seite 32).

Nudeln ausgeben lassen. Die ersten 2 Nudelnester nach dem Ausgeben zusammenfalten, in kleine Klümpchen formen und wieder in die Maschine geben. Danach Nudeln wie gewohnt ausgeben lassen und beliebig weiterverarbeiten.

Kochzeit: 2 bis 3 Minuten
Die Kochzeit ist sehr kurz. Frischgekochte Soba sollten stets nach dem Kochen unter fließenden kalten Wasser abgeschreckt und gründlich gewaschen werden. Das erhöht die Bissfestigkeit und wäscht verbleibende Stärke ab, sodass die spätere Suppe klar bleibt. Soba können in Suppe, gebraten, kalt als Salat oder mit einem Dip, aber auch knusprig frittiert zubereitet werden.

In dem Gericht Yakisoba werden allerdings keine Buchweizennudeln verwendet. Dieses heißt zwar so, allerdings werden für diese Nudeln eigentlich chinesische Weizennudeln, also Mie-Nudeln oder Ramen-Nudeln, verwendet.

Empfohlene Matrize
Auch in Privathaushalten in Japan wird der Pastamaker für die Soba-Herstellung verwendet. Die Matrize dafür ist die dünne, eckige Spaghetti-Matrize. Alternativ eine feine Bandnudelmatritzen wie Linguine verwenden. Es sollten feine, flache Nudeln mit einem möglichst eckigem Querschnitt sein.

TIPP

Buchweizen hat einen sehr nussigen, leicht süßlichen Geschmack. Mit Buchweizenvollkornmehl wird ein noch intensiverer Geschmack erzielt. Durch das Vollkornmehl werden die Nudeln etwas dunkler.

RAMEN

Unter dem Begriff Ramen ist die japanische Nudelsuppe gemeint. Obwohl sowohl die Suppe, als auch die Nudeln ihren Urpsrung in China haben, hat sich das Gericht im Laufe der Zeit so gewandelt, dass es zu einem eigenen japanischen Gericht geworden ist. Nichtsdestotrotz gibt es z. B. auch eine große eigene Ramenkultur in Korea. **Charakteristisch sind Ramen dünne, geschnittene Nudeln, die aus Weichweizenmehl, Salz und Wasser bestehen.**

Außerdem ist Kansui, eine Mischung aus Kaliumcarbonat und Natriumcarbonat, wichtiger Bestandteil. Kansui verleiht den Nudeln besonderen Geschmack und eine sehr elastische Konsistenz mit einem festen Biss. Diese Eigenschaften sind ohne die Zugabe von Kansui schwer zu bekommen.

Neben der verbreiteten Suppe, können Ramennudeln auch lauwarm oder kalt serviert werden. Z. B. als Salat oder mit einer konzentrierten Brühe zum Dippen. Je nach Art des Gerichts kann die Dicke und die Form der Nudeln variieren. Es gibt Nudeln mit einem quadratischen, runden oder auch flachem Querschnitt. Verschiedene Mehle werden zum Weizenmehl beigemischt, um mehr Geschmack oder Textur zu erzeugen.

Ramennudeln werden bevorzugt mit der Walzmethode hergestellt, da sich durch eine bestimmte Walztechnik (Combining) das Gluten im Teig besonders gut entfalten kann. Das kann der Extruder nicht leisten. Trotzdem stellen Ramennudeln aus dem Pasta Extruder eine gute Alternative dar, da die Herstellung weniger aufwändig und schneller ist.

Das Ergebnis ist zumindest besser als vergleichbare getrocknete oder eingeschweißte, semifrische Nudeln. **Es benötigt jedoch Übung und eine starke Nudelmaschine, denn der Ramennudelteig ist sehr trocken,** sodass Nudelmaschinen mit Kunststoffknethaken daran scheitern und beschädigt werden können.

Die gelbe Farbe erhalten Ramennudeln durch den Farbstoff Riboflavin, auch bekannt als Vitamin B2. Ohne diesen Farbstoff sind die Nudeln hellbraun, senffarben oder dunkelbraun.

Zutaten für 2 Portionen

RAMEN OHNE EI

390 g Weichweizenmehl, 8 g Glutenpulver, 156 g Wasser, 4 g Salz, 4 ml Kansui

RAMEN MIT EI

240 g Weichweizenmehl, 10 g Glutenpulver, 3 g Salz, 95 ml Flüssigkeit (1 Ei + 10 ml Kansui + Rest Wasser)

RAMEN MIT DINKELMEHL

240 g Weichweizenmehl, 50 g geröstetes Dinkelmehl, 10 g Glutenpulver, 3 g Salz, 120 ml Flüssigkeit (Ei + 10 ml Kansui + Rest Wasser)

Mehl und Glutenpulver in die Maschine geben.

Ei in den Messbecher geben, mit Kansui und Wasser auffüllen. Gut verquirlen. Am Ende Salz hinzufügen und nochmal mischen.

Den Teig insgesamt 2-mal kneten und anschließend 20 Minuten ruhen lassen (Siehe Seite 32).

Nudeln nun ausgeben lassen. Die ersten 2 Nudelnester nach dem Ausgeben zusammenfalten, in kleine Klümpchen formen und wieder in die Maschine geben. Danach Nudeln wie gewohnt ausgeben lassen. **Idealerweise sollten die fertigen Nudeln nochmal über Nacht in einer Box oder einem Gefrierbeutel ruhen.**
Dabei die Nudeln in etwas Speisestärke-Mehlgemisch wälzen, damit sie nicht kleben, und dann in Nester formen. Ramen-Profis lassen ihre Nudeln sogar mehrere Tage reifen, da sich die Konsistenz der Nudeln noch verbessern kann.

Kochzeit: 1 bis 2 Minuten
Die Nudeln sollten noch etwas kürzer, als al dente gekocht werden, da sie in der heißen Suppe weiterziehe. Die Kochzeit variiert je nach Dicke.

Empfohlene Matrize
Da diese Nudeln für gewöhnlich geschnitten werden, ist eine Form mit eckigem Querschnitt am üblichsten. Zur Not runde Engelshaar-, Spaghetti oder Bigoli-Formen verwenden. Es ist ratsam keine Bronze-Matrizen zu verwenden, da die rauhe Oberfläche dazu führt, dass die Nudeln schneller in heißer Brühe aufweichen.

Woher bekomme ich Kansui?

Es gibt im Grunde vier verschiedene Wege um Kansui zu bekommen.

- **Einfaches Natron**
  Das handelsübliche Hausnatron kann, aufgelöst in Wasser, zum Teig vermengt werden. Dies wird bei manchen Mie-Nudelrezepten der Einfachheit halber gemacht. Für Ramennudeln reicht dies jedoch nicht aus, um die optimale Teigkonsistenz zu bekommen.

- **Doppelt gebackenes Natron**
  Dies ist eine einfache Methode, da Natron in jedem Supermarkt erhältlich ist. Ziel ist es hier, das **Natriumbicarbonat**, also Natron, in **Natriumcarbonat** umzuwandeln. Dies funktioniert, wenn das Natriumbicarbonat erhitzt wird. Den Ofen 180 °C vorheizen. Natron abwiegen und sich das Gewicht merken. Das Natronpulver auf einem mit Backpapier ausgelegtem Backblech gleichmäßig ausbreitenund es für ein bis zwei Stunden backen. Das Gewicht des Natronpulvers sollte sich nach dem Backen um 1/3 verringert haben. Dann ist es ideal. Zum Überprüfen das gebackene Natron nachwiegen und gegebenenfalls weiter backen.

- **Flüssiges Kansui / Lye Water**
  In Flaschen abgefüllt kann diese Flüssigkeit im Asialaden gekauft werden. In flüssigem Kansui überwiegt der Kaliumcarbonat-Gehalt, das genaue Mengenverhältnis ist jedoch nicht bekannt. Für Profis zu ungenau, aber für Anfänger völlig ausreichend. Es eignet sich gut zur Herstellung von mitteldicken bis sehr dicken Nudeln.

- **Trockenes Kansui**
  Eine eigene Mischung aus **Kaliumcarbonat (Pottasche)** und **Natriumcarbonat (reines Soda)**. Trockenes Kansui wird von Ramen-Profis genutzt. Es wird individuell aus beiden Teilen gemischt, wodurch eine größere Kontrolle über die Konsistenz der Nudeln erlangt wird. Kaliumcarbonat macht die Nudeln härter, wohingegen Natriumcarbonat die Nudeln weicher macht. Dünne Nudelsorten sollten hart und stabil sein, um in der Brühe nicht sofort aufzuweichen. Deshalb wird für diese Nudeln der Kaliumcarbonat-Gehalt erhöht. Das Mischungsverhältnis für mitteldicke bis dünne Nudeln beträgt 60-70% Kaliumcarbonat und 30-40% Natriumcarbonat.
  Dicke Nudeln sollten sich schön um die Stäbchen legen können und nicht zu schwer zu kauen sein. Für diese Nudeln wird der Natriumcarbonat-Gehalt erhöht. Hier kann das Mischungsverhältnis 20% Kaliumcarbonat und 80% Natriumcarbonat sein. Das trockene Pulver wird vor Verwendung in Wasser aufgelöst.

Welches Weizenmehl ist am besten für Ramen geeignet?

Ramen sowie Mie-Nudeln benötigen Weichweizenmehl, welches einen hohen Eiweißgehalt hat. Der Eiweißgehalt kann in der Nährwerttabelle auf der Mehlpackung in Prozent abgelesen werden. Das entspricht auch ungefähr dem Glutengehalt des Mehls. Weizenmehl für Ramen sollte zwischen **12% und 14% Eiweiß** haben.

Sehr oft wird in Rezepten das amerikanische Bread Flour verwendet. Dieses hat einen Eiweißgehalt von ungefähr 13%. Je dünner die Nudeln sein sollen, desto mehr Gluten sollte der Nudelteig beinhalten, damit die dünnen Nudeln sich in der heißen Brühe nicht sofort auflösen. Deswegen wird oft noch zusätzlich mit Glutenpulver angreichert.

Bread Flour entspricht ungefähr dem deutschen Mehl Type 812. Dieses Mehl hat nicht nur einen hohen Eiweißgehalt, sondern auch mehr Anteile vom ganzen Korn, sodass es mehr Nährstoffe und Geschmack mit sich bringt. Es kann aus Weizenmehl Type 550 und Weizenmehl Type 1050 im **Verhältnis 60:40** angemischt werden.

Alternativ kann Mehl Type 550 oder Mehl Type 405 benutzt werden, welches mit Glutenpulver angereichert wird. Eine weitere Alternative ist das italienische Pizzamehl 00. Das ist ebenfalls reich an Protein und wird manchmal für Ramennudeln verwendet.

Warum ist Leitungswasser nicht immer geeignet?

Besonders bei sehr dünnen Ramennudeln, die mit einer geringen Feuchtigkeit hergestellt werden, ist die Qualität des Wassers sehr wichtig. Bei zu kalkhaltigem Wasser können die Nudeln brechen oder zerfallen. Falls dies passiert, stattdessen sehr weiches, stilles Mineralwasser verwenden, um das optimale Ergebnis zu bekommen.

Gerade Nudeln können mehr Brühe transportieren als wellige, da die Suppe durch die Ungleichmäßigkeit schneller in die Schale zurückfließt. Wellige Nudeln punkten jedoch mit einem besonders guten Biss und schönem Essgefühl.

Wie wird Mehl geröstet?

Das Mehl in eine beschichtete Pfanne geben und langsam erhitzen. Dabei mit einem Spatel regelmäßig wenden, bis es gut duftet und ein dunklere Farbe bekommt. Anstatt Dinkelmehl kann auch Weizenvollkornmehl, Roggenmehl oder Buchweizen geröstet werden. Das Rösten verleiht dem Mehl mehr Geschmack.

Was ist Riboflavin?

Vitamin B2 ist auch unter der Bezeichnung **Riboflavin** bekannt. Es wird als gelbes Färbemittel bei der Ramenherstellung genutzt. Ramennudeln ohne Färbemittel sind beige oder eher bräunlich. Da im Teig Kansui enthalten ist, würde z. B. die Zugabe von Kurkumapulver eine chemische Reaktion auslösen, die den Teig orange und nicht gelb verfärbt. Deshalb wird Riboflavin zum Färben benutzt. Es ist in Tabletten- oder Kapselform in Apotheken erhältlich.
Es gilt als normales Nahrungsergänzungsmittel und ist daher unbedenklich. Die Dosis sollte jedoch nur wenige Milligramm betragen. ca. 0,5 g für 500 g Mehl.

Wie funktionieren Instant-Ramen?

Damit Nudeln entstehen, die bei Zugabe von heißem Wasser aufgehen und verzehrfertig sind, müssen sie vorbehandelt werden. In der Regel werden diese Nudeln zuerst für zwei Minuten vorgekocht und dann nochmal getrocknet oder frittiert. Diese Vorgehensweise ist mit selbstgemachten Nudeln möglich.
Der Aufwand lohnt sich jedoch nicht.

Wie werde gewellte Nudeln hergestellt?

Man kann gewellte Nudeln entweder maschinell oder mit der Hand herstellen. Die Herstellung ist relativ einfach. Sie funktioniert jedoch nur mit besonders elastischem Teig, da die Nudeln sonst brechen können.

Maschnielle Methode:

Nudeln wie gehabt aus der Maschine pressen lassen. Die geraden Nudeln mit der Hand auffangen, nahe an die Matrize halten und dabei den Nudelfluss leicht beeinträchtigen. Da die Nudeln nicht mehr frei hängen können und keinen anderen Weg haben aus der Matritze zu kommen, werden sie leicht gekringelt herauskommen. In der Hand wird sich schnell ein Nest an gewellten Nudeln bilden. Der Teig sollte dabei trocken sein, damit die Nudeln nicht sofort zusammenkleben.

Alternativ die Nudeln mit der anderen Hand leicht mit Mehl bestäuben, sobald sie aus der Maschine kommen.

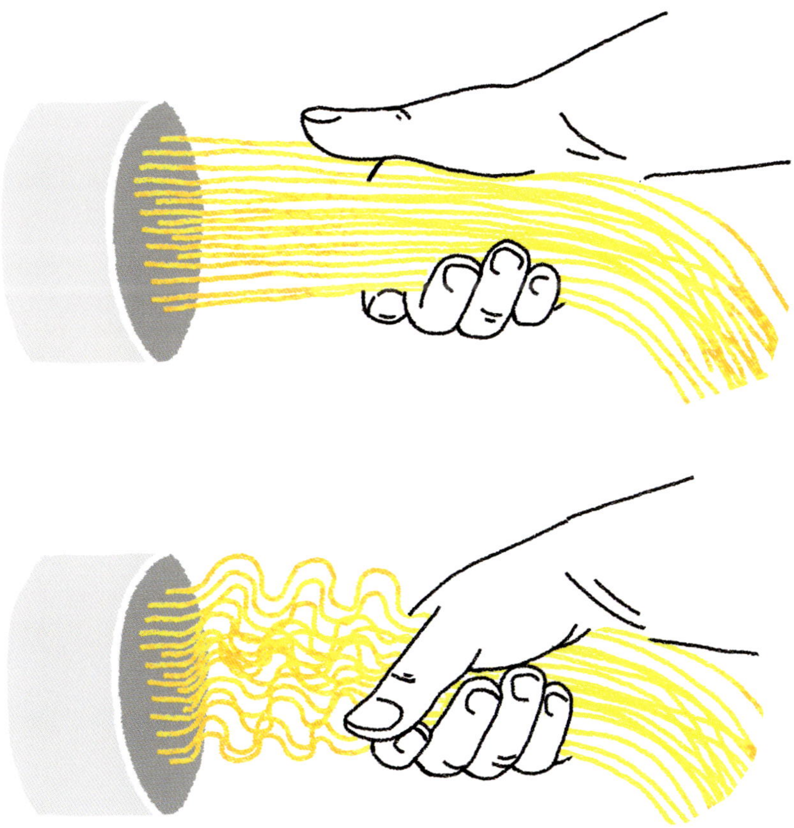

Handgemachte Methode:
Nudeln gerade ausgeben lassen, gut mehlen und auf eine Arbeitsfläche ausgebreitet hinlegen. Mit der Unterseite der gerade gestreckten Hand mehrmals daraufschlagen, bis sich kleine Dellen in den Nudeln bilden. Diese Dellen geben den Nudeln eine unregelmäßige Dicke, die das Kaugefühl noch interessanter machen.

Dann die Nudeln zu einem Knäuel oder Nudelnest formen und mit beiden Händen leicht auf allen Seiten andrücken. Das Nudelnest wieder lösen und wieder zu einem Knäuel formen und zusammendrücken. Auf diese Weise bilden sich unregelmäßig gewellte Nudeln. Solange mit dieser Technik verfahren bis die Nudeln wellig genug sind.

Die handgemachte Methode funktioniert mit gewalzten Ramennudeln deutlich besser, da diese eine bessere Glutenstruktur haben als extrudierte Nudeln. Nudeln aus dem Extruder brechen leichter, daher vorsichtig herantasten!

TIPP

Eine gute Ramensuppe zuzubereiten ist eine Wissenschaft für sich. Sie besteht aus vielen Teilen, die erst zusammengeführt das richtige Gericht ergeben:
- Tare, eine Würzpaste, die aus stark konzentrierten eingekochten Aromen besteht.
- Die stundenlang gekochte Brühe, die aus Knochen, Fleisch, Fisch und Gemüse gewonnen wird.
- Verschiedene Beilagen aus Fleisch, Gemüse oder Ei, die ebenfalls vorher eingekocht oder mariniert werden müssen.
- Nudeln, die im Idealfall selbstgemacht sind und deren Dicke, Textur und Konsistenz sich an die jeweilige Art der Suppe anpasst.
- Aromatisierte Öle, die das Gesamtergebnis abrunden und das Gericht noch reichhaltiger machen.

Es empfiehlt sich, spezialisierte Bücher zu diesem Thema zu studieren. *Mehr Infos auf Seite 202.*

MIE-NUDELN

Mie-Nudeln sind im deutschen Sprachgebrauch der Überbegriff für ostasiatische Weizennudeln. Sie haben ihren Ursprung in China, werden jedoch in vielen ostasiatischen Ländern wie Vietnam, Japan, Malaysia, Singapur oder Indonesien verzehrt. **Hauptbestandteil ist Weichweizenmehl, Salz und Wasser.** Manchmal wird Kurkuma oder Ei für die Farbe hinzugegeben und Tapiokastärke für mehr Textur. Auch die Zugabe von Kansui, wie bei Ramennudeln, ist möglich. Diese Nudeln sind unter dem Namen „Alkaline Noodles“ bekannt. Wenn Mie-Nudeln besonders viel Ei enthalten, werden sie chinesische Eiernudeln (Chinese Eggnoodles) genannt.

Es gibt nicht das eine Mie-Nudel-Rezept, da es sehr viele unterschiedliche Sorten gibt, die je nach Gericht und Ursprungsland unterschiedlich aussehen und schmecken. Sie können dünn und rund sein, aber auch dick und flach.

In China gibt es noch eine weitere Form der Weizennudeln, nämlich die handgezogenen Nudeln.

Da besteht der Teig ebenfalls aus Weizenmehl, Salz und Wasser. Zusätzlich dazu wird oft noch etwas Kansui hinzugegeben. Die Konzentration ist jedoch etwas weniger als bei Ramen, sodass die Nudeln sich kaum gelb verfärben.

Auch unter den handgezogenen Nudeln gibt es etliche Varianten und Techniken. **Mit dem Pasta Extruder lassen sich keine handgezogenen Nudeln herstellen, wohl aber die herkömmlichen Weizennudeln.**

Durch Zugabe von verschiedenen Mehlen oder Stärke, kann die Textur verändert werden, sodass sie zu unterschiedlichen asiatischen Nudelgerichten passen.

Zutaten für 2 Portionen

MIE-NUDELN MIT EI

250 g Weichweizenmehl, 1/3 TL Natronpulver, 130 ml Flüssigkeit (2 Eier, Rest Wasser), 1/2 TL Salz

MIE-NUDELN OHNE EI

250 g Weichweizenmehl, 1/2 TL Kurkuma, 1/2 TL Salz, 95 ml Wasser

Mehl (und Kurkuma) in die Maschine geben.

Ei, Wasser und Natron verquirlen. Salz hinzugeben und erneut mischen. Maschine starten und Flüssigkeit langsam hinzugeben.

Den Teig insgesamt 2-mal kneten und anschließend 20 Minuten ruhen lassen (Siehe Seite 32).

Nudeln ausgeben lassen. Die ersten 2 Nudelnester nach dem Ausgeben zusammenfalten, in kleine Klümpchen formen und wieder in die Maschine geben. Danach Nudeln wie gewohnt ausgeben lassen und beliebig weiterverarbeiten.

Empfohlene Matrize
Engelshaar-, Spaghetti oder Linguine-Matrizen sind ideal für Mie-Nudeln. Auch können Lasagneplatten ausgegeben und mit dem Messer in dünne Bandnudeln geschnitten werden. Es ist ratsam, keine Bronze-Matrizen zu verwenden, da die rauhe Oberfläche dazu führt, dass die Nudeln schneller in der heißen Brühe aufweichen.

Kochzeit: 1 bis 2 Minuten

Nudeln in ausreichend Wasser kochen. Schnell abschütten und durch schütteln des Siebes gründlich abtropfen lassen. Nicht mehr mit kaltem Wasser abbrausen, sondern mit Sesamöl beträufeln und sofort weiterverarbeiten.

Genau wie bei den Ramennudeln wird „Bread Flour" zur Herstellung von Mie-Nudeln bevorzugt. Es muss jedoch nicht mit zusätzlichem Glutenpulver versetzt werden. Alternativ kann Weizenmehl Type 550 oder 405 mit einem hohen Eiweißgehalt (12%) verwendet werden.

Mie-Nudeln ohne Natron können mit Kurkuma gefärbt werden. Kurkuma nicht mit Natron mischen, da dies eine chemische Reaktion hervorruft und die Nudeln braun-orange färbt. Ähnlich verhält es sich mit der Zugabe von Matcha-Grünteepulver.

Teigtaschen lassen sich prima einfrieren! Auf Seite 190 gibt es eine Anleitung dafür.

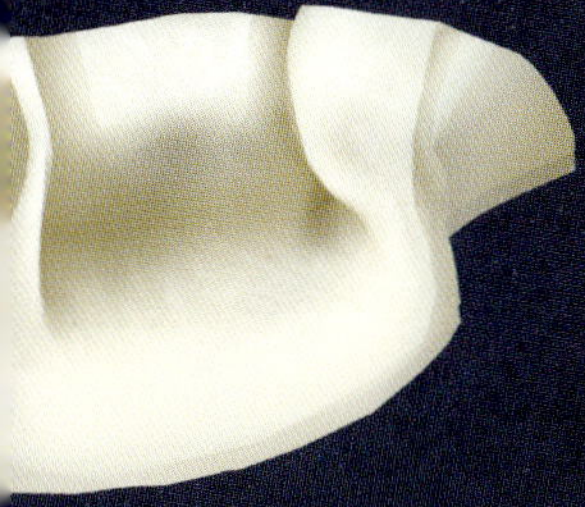

DUMPLINGS

Dieser Begriff bedeutet eigentlich übersetzt Knödel oder Kloß und bezeichnet verschiedene Mehlspeisen, die mit oder ohne Füllung kleine oder auch große Happen darstellen.

Das Spektrum reicht von großen Dampf-nudeln, über Kartoffelknödeln bis hin zu den typisch gefüllten Nudeltaschen.

Neben den italienischen gefüllten Nudeln gibt es überall auf der Welt gefüllte Nudeltaschen. Russische Pelmeni, georgische Chinkali, ukrainische Wareniki, polnische Pierogi, deutsche Maultaschen, türkische Manti, nepalesische Momos, japanische Gyoza, koreanische Mandu, vietnamesische Banh Bot Loc, chinesische Jiaozi sind nur wenige Beispiele für die enorme Vielfalt.

Besonders bei nichtitalienischen Nudeltaschen besteht der Grundteig meist nur aus Weichweizenmehl, Wasser und Salz. **Entscheidend ist die Verarbeitung des Teiges, die Form und die Füllung.** Natürlich gibt es viele regionale Unterschiede, sodass auch Eier, Stärke oder andere Mehlsorten verwendet werden.

Da der Pasta Extruder nur realtiv trockenen Teig und relativ dünne Teigbahnen produzieren kann, limitieren sich jedoch die Möglichkeiten. Besonders rustikale Teigtaschen, wie Pierogi oder Jiaozi, schmecken besser handgemacht. Feine Teigtaschen, bei denen der Teig sehr dünn ausgerollt werden muss wie Wan Tan, Gyoza oder Mandu, können gut mit dem Pasta Extruder hergestellt werden. Im folgenden Kapitel wird der Fokus auf diese ostasiatischen Teigtaschen gelegt.

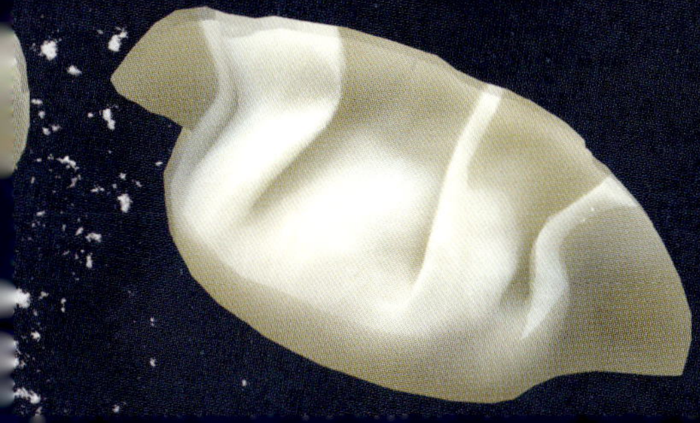

Zutaten für 2–3 Portionen

GYOZA

250 g Weichweiznmehl, 105 ml kochend heißes Wasser, 1/2 TL Salz

DUMPLINGS MIT TAPIOKA-STÄRKE

220 g Weichweizenmehl, 30 g Tapiokastärke, 150 ml Flüssigkeit (1 Ei, Rest Wasser)

Mehl in die Maschine geben.

Flüssige Zutaten mit dem Salz verrühren bis es sich auflöst.

Den Teig insgesamt 2-mal kneten und anschließend 20 Minuten ruhen lassen (Siehe Seite 32).

Während der Ausgabezeit den Deckel der Knetkammer nicht öffnen,, damit der Teig eine gleichbleibende Feuchtigkeit behält. Auf diese Weise reißen die Teigplatten nicht so schnell ein. Die ersten Nudelplatten können noch etwas uneben sein. Diese abschneiden, in kleine Klümpchen formen und gegen Ende der Ausgabezeit zurück in die Knetkammer geben.

Mit einem Glas oder einer Form runde Scheiben ausstechen, leicht mit Speisestärke mehlen und luftdicht in eine Tüte legen. Teigreste wieder in die Maschine geben und solange weitermachen bis keine schönen Teigbahnen mehr herauskommen. Nun können die ausgestanzten Teigplatten gefüllt werden.

TIPP

Der Grundteig aus Weichweizenmehl, Wasser und Salz kann für viele weitere Teigtaschenarten verwendet werden. Sie lassen sich auch gut einfrieren, sodass es sich lohnt eine große Portion herzustellen. Dafür auf ein leicht gemehltes Blech legen und im Gefrierfach fest werden lassen. Später können sie platzsparend in Tüten verpackt werden.

Zutaten für 2-3 Portionen

WAN TAN MIT EI

250 g Weichweizenmehl, 1/3 TL Natronpulver, 130 ml Flüssigkeit (2 Eier, Rest Wasser), 1/2 TL Salz

WAN TAN OHNE EI

300 g Weichweizenmehl, 130 ml Wasser, 1/4 TL Salz

Mehl in die Maschine geben.

Flüssige Zutaten mit dem Salz verrühren bis es sich auflöst.

2x Den Teig insgesamt 2-mal kneten und anschließend 20 Minuten ruhen lassen (Siehe Seite 32).

Während der Ausgabezeit den Deckel der Knetkammer nicht öffnen, damit der Teig eine gleichbleibende Feuchtigkeit behält. Auf diese Weise reißen die Teigplatten nicht so schnell ein. Die ersten Nudelplatten können noch etwas uneben sein. Diese abschneiden, in kleine Klümpchen formen und gegen Ende der Ausgabezeit zurück in die Knetkammer geben.

Mit einem Messer gleichmäßige Quadrate schneiden, leicht mit Speisestärke mehlen und luftdicht in eine Tüte legen. Teigreste wieder in die Maschine geben und solange weitermachen, bis keine schönen Teigbahnen mehr herauskommen. Nun können die quadratischen Teigplatten gefüllt werden.

Wan Tan werden gekocht, gedämpft oder frittiert. Nur sehr selten werden sie in der Pfanne gebraten.

Kochzeit: 5 bis 20 Minuten
Die Garzeit ist abhängig von der Zubereitungsart. Kochen oder Frittieren geht schneller als Braten oder Dämpfen. Um die Kochzeit zu verringern, kann eine vorgegarte Füllung verwendet werden.

Empfohlene Matrize
Jede Lasagne-Matrize ist dafür geeignet. Bevorzugt aus POM und nicht aus Bronze, da eine glatte Teigstruktur erwünscht ist.

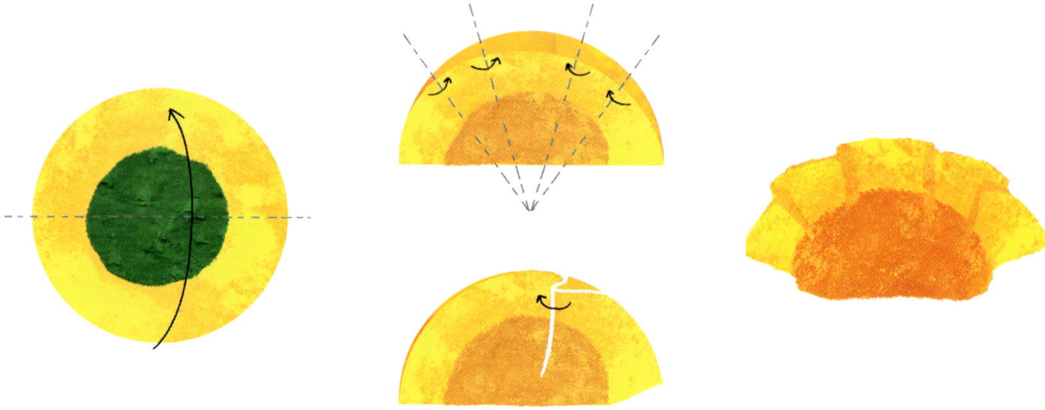

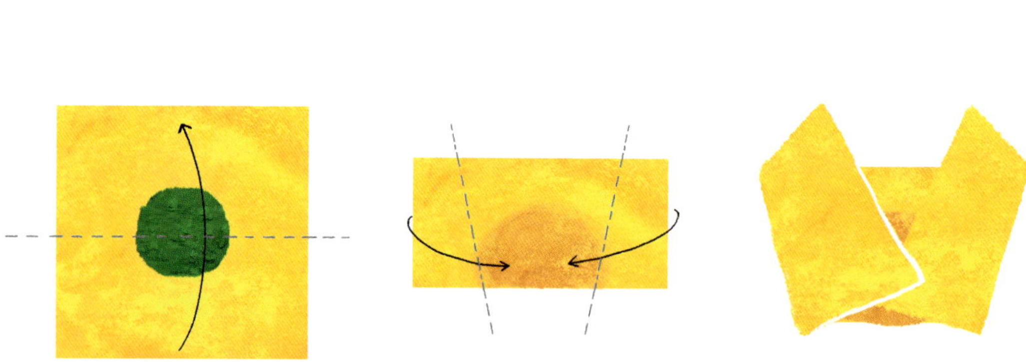

Schweinehack, Garnelen, Bambus, Tapiokastärke, Ingwer, Sesamöl, Salz, Pfeffer.

Garnelen pellen und grob hacken. Ingwer reiben, Frühlingszwiebeln fein schneiden. Garnelen, Hackfleisch und alle weiteren Zutaten mischen und mit Sesamöl, Salz und Pfeffer abschmecken,

Spitzkohl, Schweinehack, Ei, Ingwer, Knoblauch, Frühlingszwiebel, Sojasoße, Sesamöl, Pfeffer.

Alle Zutaten feinhacken und miteinander vermengen. Mit Sojasoße, Sesamöl und Pfeffer würzen. Diese Füllung ist sehr typisch für Gyoza.

Hühnchen, Ei, Shiitake, Frühlingszwiebel, Karotte, Salz, Pfeffer.

Rohes Hühnchenfleisch feinhacken, Ei und fein gehacktes Gemüse hinzugeben. Alles gut mischen und mit Salz und Pfeffer abschmecken.

Rinderhack, Speisestärke, Sojasoße, Öl, Schnittknoblauch, Rinderbrühe, Austernsoße, Salz, Pfeffer.

Hackfleisch mit Speisestärke, Sojasoße und Öl gründlich verkneten. Dann etwas Rinderbrühe hinzugeben und ruhen lassen, sodass die Masse die Flüssigkeit aufnehmen kann. Am Ende feingehackten Schnittknoblauch hinzugeben und mit Austernsoße, Salz und Pfeffer abschmecken.

Eierstich, Schnittknoblauch, Salz, Pfeffer.

Aus geschlagenen Eiern Rührei zubereiten. Die Eierkrümel mit fein geschnittenem Schnittknoblauch vermischen und mit Salz und Pfeffer würzen.

Frischer Tofu, Shiitake, Mu Err Pilze, Glasnudeln, Karotte, Sojasoße, Sesamöl, Ei, Salz, Pfeffer.

Tofu gut ausdrücken und zerbröseln. Shiitake, Mu Err Pilze und Glasnudeln feinhacken. Karotten fein reiben. Ale Zutaten mit dem Tofu gründlich verkneten, sodass eine kompakte Masse entsteht. Das Ei hilft bei der Bindung. Dann mit Sesamöl, Salz und Pfeffer würzen.

Bei Fleischfüllungen ist die Saftigkeit besonders wichtig. Deswegen wird gerne extra Fett in Form von gewürfeltem rohen Speck oder Pflanzenöl hinzugegeben. Das Fleisch wird am Anfang sehr lange geknetet und immer wieder in die Schüssel geworfen oder geschlagen. Es ist dann nicht mehr bröselig, sondern bekommt eine feinere, homogene Konsistenz, die an Wurstbrät erinnert.

Zusätzlich kann Fleischbrühe hinzugegeben werden, es wird nach einer kurzen Ruhezeit von der Hackfleischmasse aufgesogen und die Füllung wird besonders saftig. Das ist bei gekochten und gedämpften Teigtaschen sehr zu empfehlen.

Frischer Tofu, Erbsen, Bambussprossen, Lauch, Ingwer, Sesamöl, Salz, Pfeffer, Speisestärke.

Tofu gut ausdrücken und zerbröseln. Ingwer reiben, Erbsen, Bambussprossen und Lauch feinhacken und mit der Speisestärke gut verkneten, sodass eine kompakte Masse ensteht. Dann mit Sesamöl, Salz und Pfeffer abschmecken.

Sojahack, Räuchertofu, Erdnussbutter, Crispy Chili Oil, Lauch, Ingwer, Salz, Pfeffer.

Getrocknetes Sojahack einweichen und ausdrücken. Räuchertofu fein zerdrücken, Ingwer reiben und Lauch feinhacken. Alle Zutaten zu einer homogenen Masse vermengen. Die Erdnussbutter dient als Bindemittel. Mit Salz und Pfeffer abschmecken.

Spitzkohl, gebratene Tofubrösel, Ingwer, Frühlingszwiebeln, Sesamöl, Sojasoße, Pfeffer.

Spitzkohl feinhacken, Tofu zerbröseln und in der Pfanne anbraten. Ingwer reiben und Frühlingszwiebeln in Ringe schneiden. Alle Zutaten vermengen und mit Sesamöl, Sojasoße und Pfeffer würzen.

Pak Choi, Shiitake, Champignons, Frühlingszwiebeln, Speisestärke, Sesamöl, Salz, Pfeffer.

Pak Choi, Shiitake und Champignons feinhacken. Frühlingszwiebeln in Ringe schneiden und zum Kohl-Gemisch geben. Gut mit der Speisestärke vermengen und mit Sesamöl, Salz und Pfeffer abschmecken.

Sojahack, Räuchertofu, gehackte Tomaten, Szechuanpfeffer, 5-Gewürze-Pulver, Ingwer, chinesischer Sellerie, Salz.

Ingwer fein reiben. Chinesischen Sellerie (alternativ geht auch deutscher Stangensellerie) feinhacken. Sojahack im Saft von den gehackten Tomaten einweichen. Räuchertofu fein bröseln und beides gut verkneten, sodass eine homogene Masse ensteht. Sellerie und Ingwer hinzugeben und mit Szechuanpfeffer, 5-Gewürze-Pulver und etwas Salz würzen.

Sojahack, Erdnüsse, Erdnussbutter, Sesamöl, Sojasoße, Pfeffer.

Sojahack in Wasser einweichen und gut ausdrücken. Geröstete Erdnüsse feinhacken und alles mit etwas Erdnussbutter vermengen. Mit Sesamöl, Sojasoße und Pfeffer abschmecken.

TIPP

Klassische Soßen zum Dippen oder Überträufeln der gekochten oder gedämpften Teigtaschen bestehen aus einer Mischung aus Essig, Sojasoße und Aromaöl. Reisessig, chinesischer schwarzer Essig oder Apfelessig wird gerne genommen.

Beim Öl kann Sesamöl, Chiliöl oder auch Crispy Chili Oil mit Szechuanpfeffer genommen werden. Knusprig frittierte Wan Tan schmecken mit süßsaurem Dip oder Mayonnaise lecker.

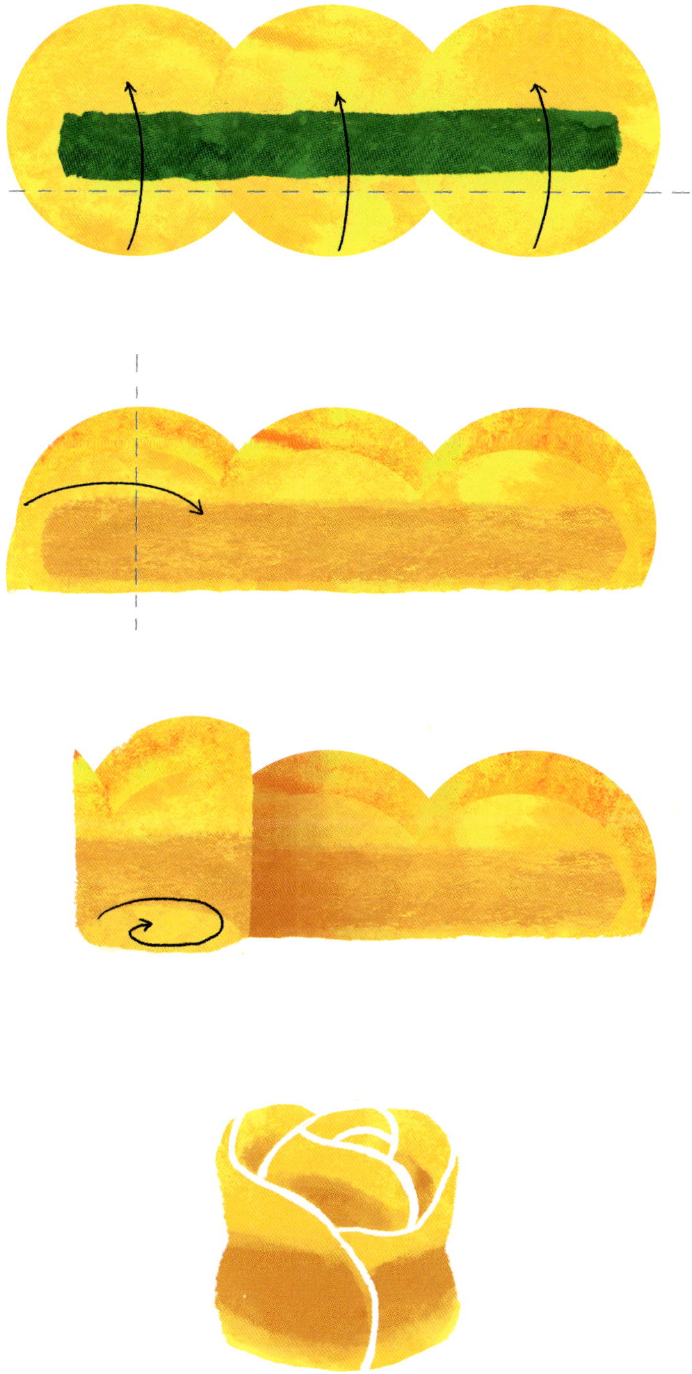

Diese Rosen funktionieren auch mit Pastateig und Raviolifüllung. Besonders hübsch sieht es aus, wenn der Teig mit Rote Bete gefärbt ist.

Sind die Fleischfüllungen alle roh?

Bis auf ein paar Ausnahmen sind die Fleischfüllungen für chinesische Teigtaschen roh. Dies ist gut bei den fertig gekochten Dumplings erkennbar. Der Teig um die Füllung ist etwas zerknittert und hat sich zusammenge-zogen, weil sich das rohe Fleisch durch den Garprozess zusammenzieht. Diese Teigtaschen sind saftiger und bestens geeignet für Suppeneinlagen oder als Nudelsuppenbeilage. Soll die Form der gefalteten Dumplings besser erkennbar sein, muss die Füllung vorgegart werden (z. B. Fleisch vorher anbraten).

Wofür wird Speisestärke zur Füllung hinzugefügt?

Die Speisestärke bindet die herausgetretenen Säfte von Fleisch, Gemüse oder Tofu in der Füllung. Sie hält die Masse zusammen und macht die Füllung saftiger. Besonders bei Rezepten ohne Eizugabe sollte ein wenig Speisestärke (2 bis 3 Esslöffel) als Bindemittel hinzugegeben werden. Dabei reguläre Maisstärke oder Kartoffelstärke verwenden.

Warum wird so oft Kohl mit Fleisch kombiniert?

Kohl verstärkt den herzhaften Geschmack von Speisen. Der Umami-Geschmack ist auch in Fleisch enthalten und wird durch den Kohl verstärkt. Verwendet werden kann Spitzkohl und Chinakohl, aber auch Pak Choi, Blumenkohl oder Brokkoli geben einen ähnlichen Effekt. Bei veganen oder vegetarischen Füllungen unterstützen auch Pilze und süßliches Gemüse wie Karotten oder Kohlrabi den Geschmack.

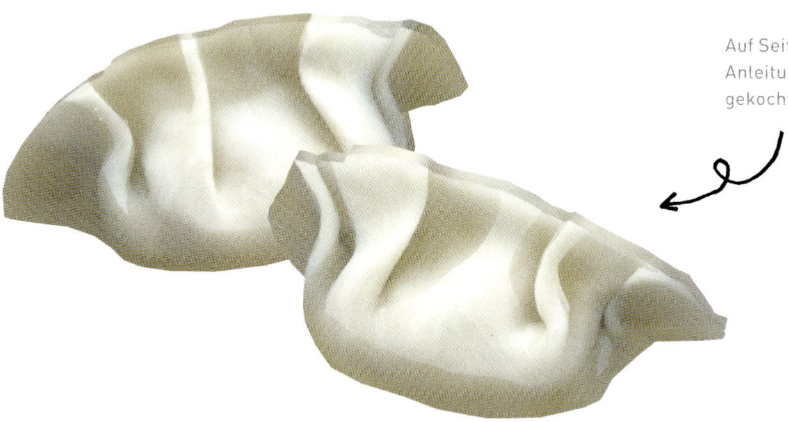

Auf Seite 174 gibt es eine Anleitung, wie Teigtaschen gekocht werden.

REISNUDELN

Reisnudeln gibt es in den unterschiedlichsten Größen und Formen. Je nach Gericht können sie kalt in einem Salat, als Suppeneinlage, gebraten oder frittiert zubereitet werden. Sie bestehen in der Regel nur aus Reismehl und Wasser.
Es gibt auch Varianten mit zusätzlicher Tapiokastärke.
Reisnudeln sind besonders elastisch und reissfest, auch wenn sie über längere Zeit in heißer Brühe ziehen.

Obwohl der Teig aus glutenfreiem Mehl hergestellt wird, benötigt er keine zusätzlichen Bindemittel. Das liegt an dem besonderen Herstellungsverfahren. Grundlage ist das ganze Reiskorn. Dieses wird zuerst in Wasser eingeweicht, dann mehrmals gewaschen und abgetropft. Der vorgewaschene Reis wird dann zu Reismehl vermahlen. Das frische Reismehl wird mit Wasser vermischt und sehr lange gerührt. Auf diese Weise entwickelt der Teig seine Elastizität. Die dickflüssige Reismehl-Wasser-Mischung wird dann durch ein Sieb gedrückt, wobei die Nudeln sofort in kochendes Wasser fallen oder durch ein maschinelles Dampfverfahren laufen. So wird der flüssige Teig sofort fest, ähnlich wie bei Spätzle.

Um Reisnudeln zuhause herstellen zu können ist die Methode mit einer Handpresse (z. B. einer Kartoffelpresse mit dünner Lochscheibe) am besten, da sie der ursprünglichen Herstellung am nächsten kommt. Dabei wird Reismehl mit Wasser gemischt und in einer Pfanne bei niedriger Hitze solange gerührt, bis eine elastische Masse entsteht. Der vorgegarte Teig wird dann direkt in kochendes Wasser gedrückt.

Mit einem Pasta Extruder ist diese Zubereitungsart nicht möglich, da die Maschine einen trockeneren Teig benötigt. Deswegen werden Bindemittel wie Xanthan benutzt und andere Mehlsorten wie Tapiokastärke, Maisstärke oder Weizenstärke dazugegeben.

Falls die Möglichkeit besteht, lieber auf getrocknete Reisnudeln aus dem Asialaden oder Bioladen zurückgreifen, da sie ganz ohne zusätzliche Bindemittel auskommen.

REISNUDELN

Zutaten für 2 Portionen

270 g Reismehl, 70 g Tapiokastärke, 6 g Xanthan Gum,
130 g heißes Wasser, 1/2 TL Salz

Mehl, Stärke und Xanthan Gum in die Maschine geben.

Salz im heißen Wassser auflösen. Maschine starten und Flüssigkeit langsam hinzugeben.

Den Teig einmal kneten und nicht ruhen lassen. Sobald der warme Teig abkühlt, wird er wieder brüchiger, daher sofort ausgeben.

Die Nudeln sofort ausgeben lassen. Dabei einen Topf mit kochend heißem Wasser unter die Maschine stellen und die Nudeln direkt in das Wasser pressen lassen. Nudeln dabei nicht abschneiden. Maschine so lange laufen lassen, bis der Teig aufgebraucht ist. Topf sofort auf den Herd stellen und weiterkochen lassen. Die Nudeln anfangs nur leicht und vorsichtig umrühren, da sie noch sehr brüchig sind. Sie werden fester, sobald sie einmal aufgekocht sind.

Fertige Nudeln abschütten und in ein kaltes Wasserbad geben. Nudeln darin waschen, bis das Wasser klar ist.

Kochzeit: 1 bis 2 Minuten
Beim Kochen darauf achten, dass sie nicht verkochen. Sonst werden sie matschig. Anfangs nur vorsichtig umrühren, da sie sonst brechen. Sie werden stabiler, sobald sie aufgekocht sind.

Empfohlene Matrize

Geeignet sind alle dünnen, langen Nudelformen mit rundem Querschnitt. Die Bandnudel-Matrizen von Philips sind nicht geeignet für diesen Teig, da er eine möglichst kleine Öffnung braucht um mit genug Druck gepresst zu werden. Es ist ratsam, keine Bronze-Matrizen zu verwenden, da die raue Oberfläche sonst dazu führt, dass die Nudeln in heißer Brühe aufweichen.

TIPP

Es ist möglich, Reisnudeln aus purem Reismehl, Wasser und einem Bindemittel wie Xanthan herzustellen. Allerdings haben diese Nudeln nicht die typische Elastizität wie die der gekauften asiatischen Reisnudeln. Xanthan hält zwar das glutenfreie Mehl zusammen, erzeugt aber keine elastische Verbindung im Teig. Um dies auszugleichen wird Tapiokastärke hinzugegeben, das macht die Nudeln elastischer.

Sofern das Mischungsverhältnis von Mehl und Flüssigkeit beachtet wird, können jegliche Mehlkombination erstellt werden. Das ist besonders einfach bei Nudelmaschinen mit eingebauter Waage. Auf folgenden Seiten finden sich verschiedene Rezepte, die während der Arbeit an diesem Buch ausprobiert und für gut befunden wurden, die jedoch keinen Platz mehr in einem speziellen Nudelkapitel gefunden haben. Diese Rezepte sollen die Basis für weitere Experimente und neue Nudelkreationen sein!

Falls der Teig zu feucht oder zu trocken ist, helfen die Tipps aus dem Kapitel „Der ideale Teig" auf Seite 40.

350 g Vollkorn-Hartweizengrieß, 50 g Hartweizengrieß, 185 ml Flüssigkeit (1 Ei, Rest Wasser).

Grießsorten in die Knetkammer geben. Maschine anschalten und die Flüssigkeit langsam hineingießen. Zweimal kneten und 20 Minuten ruhen lassen. Wird besonders fein mit doppelt gemahlenem Hartweizengrieß.

250 g Dinkelvollkornmehl, 95 ml Flüssigkeit (1 Ei, Rest Wasser).

Mehl in die Knetkammer geben. Maschine anschalten und die Flüssigkeit langsam hineingießen. Zweimal kneten und 20 Minuten ruhen lassen.

250 g doppelt gemahlener Hartweizengrieß, 105 ml Flüssigkeit (1 Ei, 1 Eigelb, 1 TL Olivenöl).

Grieß in die Knetkammer geben. Maschine anschalten und die Flüssigkeit langsam hineingießen. Zweimal kneten und 20 Minuten ruhen lassen. Funktioniert gut mit dünnen Bandnudel-Matrizen.

200 g Hartweizengrieß, 50 g Weichweizenmehl, 95 ml Flüssigkeit (1 Ei, 1 TL Olivenöl, Rest Wasser).

Grieß in die Knetkammer geben. Maschine anschalten und die Flüssigkeit langsam hineingießen. Zweimal kneten und 20 Minuten ruhen lassen.

125 g Weichweizenmehl, 125 g Hartweizengrieß, 95 ml Flüssgkeit (1 Ei, 1 Eigelb, Rest Wasser).

Mehl und Grieß in die Knetkammer geben. Maschine anschalten und die Flüssigkeit langsam hineingießen. Zweimal kneten und 20 Minuten ruhen lassen.

200 g Weichweizenmehl, 50 g Hartweizengrieß, 95 ml Flüssgkeit (1 Ei, Rest Spinatpüree).

Mehl und Grieß in die Knetkammer geben. Maschine anschalten und die Flüssigkeit langsam hineingießen. Zweimal kneten und 20 Minuten ruhen lassen.

200 g Dinkelgrieß, 50 g Dinkelmehl, 90 ml Wasser.

Mehl und Grieß in die Knetkammer geben. Maschine anschalten und die Flüssigkeit langsam hineingießen. Zweimal kneten und 20 Minuten ruhen lassen.

220 g Hartweizengrieß, 30 g Hanfmehl, 85 ml Wasser.

Mehl und Grieß in die Knetkammer geben. Maschine anschalten und die Flüssigkeit langsam hineingießen. Zweimal kneten und 20 Minuten ruhen lassen. Durch das Hanfmehl schmecken die Nudeln sehr kernig. Bei Bedarf reduzieren.

250 g Hartweizengrieß, 30 g Kichererbsenmehl, 20 g Dinkelvollkornmehl, 105 ml Wasser.

Mehl und Grieß in die Knetkammer geben. Maschine anschalten und die Flüssigkeit langsam hineingießen. Zweimal kneten und 20 Minuten ruhen lassen. Dieser Teig funktioniert gut bei kurzen Nudelformen.

100 g Linsenmehl, 150 g Hartweizengrieß, 70 ml Wasser.

Mehl und Grieß in die Knetkammer geben. Maschine anschalten und die Flüssigkeit langsam hineingießen. Einmal kneten und sofort ausgeben lassen. Beim Kochen etwas Essig ins Wasser geben, um den Linsengeruch abzuschwächen.

175 g Hartweizengrieß, 50 g Weichweizenmehl, 25 g gemahlene Mandeln, 90 ml Wasser.

Gemahlene Mandeln rösten und abkühlen lassen. Zusammen mit Mehl und Grieß in die Knetkammer geben. Maschine anschalten und die Flüssigkeit langsam hineingießen. Zweimal kneten und 20 Minuten ruhen lassen. Doppelt gemahlener Hartweizengrieß erhöht die Bindung.

220 g Hartweizengrieß, 30 g Hanfmehl, 85 ml Wasser.

Mehl und Grieß in die Knetkammer geben. Maschine anschalten und die Flüssigkeit langsam hineingießen. Zweimal kneten und 20 Minuten ruhen lassen. Durch das Hanfmehl schmecken die Nudeln sehr kernig. Bei Bedarf reduzieren.

200 g Hartweizengrieß, 30 g Buchweizemehl, 20 g Dinkelvollkornmehl, 90 ml Wasser.

Mehl und Grieß in die Knetkammer geben. Maschine anschalten und die Flüssigkeit langsam hineingießen. Zweimal kneten und 20 Minuten ruhen lassen.

200 g Hartweizengrieß, 30 g Weichweizenmehl, 20 g Kürbiskernmehl, 90 ml Wasser.

Mehl und Grieß in die Knetkammer geben. Maschine anschalten und die Flüssigkeit langsam hineingießen. Zweimal kneten und 20 Minuten ruhen lassen. Durch das Kürbiskernmehl schmecken die Nudeln sehr kernig. Bei Bedarf reduzieren.

210 g Dinkelgrieß, 30 g Dinkelvollkornmehl, 10 g Steinpilzpulver, 90 ml Wasser.

Mehl, Grieß und Steinpilzpulver in die Knetkammer geben. Maschine anschalten und die Flüssigkeit langsam hineingießen. Zweimal kneten und 20 Minuten ruhen lassen.

250 g Hartweizengrieß, Abrieb einer Orange, 85 ml Orangensaft.

Orangenabrieb feinhacken. Grieß in die Knetkammer geben. Maschine anschalten und die Flüssigkeit langsam hineingießen. Zweimal kneten und 20 Minuten ruhen lassen. Die Nudeln kleben durch den Orangensaft etwas, daher gut mehlen.

250 g Hartweizengrieß, 90 ml Karottensaft.

Grieß in die Knetkammer geben. Maschine anschalten und die Flüssigkeit langsam hineingießen. Zweimal kneten und 20 Minuten ruhen lassen. Kann mit Kardamom, gemahlenem Fenchel oder Kurkuma verfeinert werden.

250 g Hartweizengrieß, 85 ml Rote Bete Saft.

Grieß in die Knetkammer geben. Maschine anschalten und die Flüssigkeit langsam hineingießen. Zweimal kneten und 20 Minuten ruhen lassen. Die Nudeln kleben durch den Rote Bete Saft etwas, daher gut mehlen.

250 g Hartweizengrieß, 1/4 TL Kurkuma, 1/2 TL gemahlener Kardamom, 1/2 TL Salz, 90 ml Wasser.

Grieß und Gewürze in die Knetkammer geben. Maschine anschalten und die Flüssigkeit langsam hineingießen. Zweimal kneten und 20 Minuten ruhen lassen. Die Nudeln schmecken intensiver, wenn sie für ein paar Tage im Kühlschrank ruhen.

250 g Hartweizengrieß, 2 TL gemahlener schwarzer Sesam, 1/2 TL Pfeffer, 90 ml Wasser.

Grieß und Gewürze in die Knetkammer geben. Maschine anschalten und die Flüssigkeit langsam hineingießen. Zweimal kneten und 20 Minuten ruhen lassen.

180 g Hartweizengrieß, 70 g Weichweizenmehl, 1 TL gemahlener Fenchel, 90 ml Wasser.

Grieß, Mehl und Gewürze in die Knetkammer geben. Maschine anschalten und die Flüssigkeit langsam hineingießen. Zweimal kneten und 20 Minuten ruhen lassen.

200 g Dinkelmehl Type 630, 50 g Tapiokastärke, 90 ml Wasser.

Mehl und Stärke in die Knetkammer geben. Maschine anschalten und die Flüssigkeit langsam hineingießen. Zweimal kneten und 20 Minuten ruhen lassen. Diese Nudeln eignen sich gut für ostasiatische Nudelsuppen und kalte Nudelsalate.

175 g Weichweizenmehl, 75 g Buchweizenmehl, 1/2 TL Matchapulver, 90 ml Wasser, 3g Salz.

Mehl und Gewürze in die Knetkammer geben. Maschine anschalten und die Flüssigkeit langsam hineingießen. Zweimal kneten und 20 Minuten ruhen lassen. Der Grünteegeschmack ist intensiver, wenn die Soba kalt gegessen werden.

150 g Kartoffelpüree-Pulver, 75 g Weichweizenmehl, 75 g Hartweizengrieß, 200 ml Wasser.

Trockene Zutaten in die Knetkammer geben. Maschine anschalten und die Flüssigkeit langsam hineingießen. Einmal kneten lassen und sofort ausgeben. Dieses Rezept ist nur für die Kartoffel-Gnocchi-Matrize geeignet. Kartoffelpüree in Bio-Qualität verwenden, da es keine Zusatzstoffe enthält.

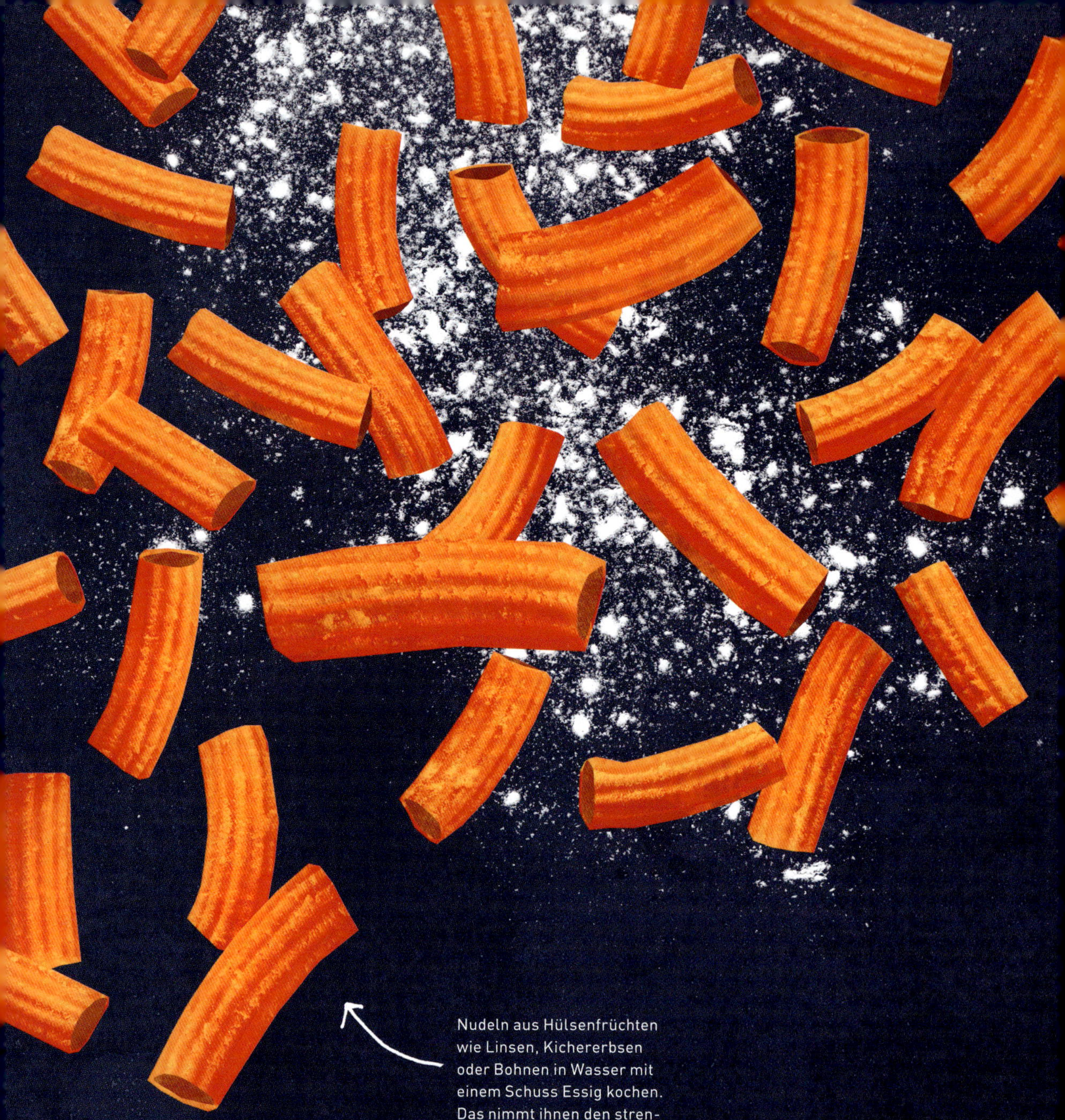

Nudeln aus Hülsenfrüchten wie Linsen, Kichererbsen oder Bohnen in Wasser mit einem Schuss Essig kochen. Das nimmt ihnen den strengen Geruch nach Hülsenfrüchten.

GLUTENFREIE NUDELN

Glutenfreie Ernährung ist besonders für Menschen wichtig, die an Zöliakie (Glutenunverträglichkeit) leiden. Auch bei verschiedenen anderen Erkrankungen, bei der die Unverträglichkeit per Ausschlussverfahren herausgefunden werden muss, müssen betroffenen Personen in einem bestimmten Zeitraum auf Gluten verzichten. **Gluten ist ein Klebereiweiß und in vielen Getreidesorten wie Weizen, Dinkel oder Hafer vorhanden.**
Glutenfreie Alternativen sind z. B. Reis, Mais, Kartoffeln, Buchweizen, Quinoa oder Hülsenfrüchte wie Linsen, Kichererbsen, Erbsen, Soja oder andere Bohnen.

Es ist möglich, glutenfreie Nudeln herzustellen, da die Auswahl an glutenfreien Mehlen mittlerweile sehr groß ist. Und mit den heutigen Hochleistungsmixern ist es kein Problem, in kurzer Zeit eigene glutenfreie Mehle herzustellen.

Das Gluten sorgt im Nudelteig für die Bindung, diese fehlt den glutenfreien Mehlen. **Aus diesem Grund werden Bindemittel hinzugefügt, damit die Nudeln nicht brechen und gut zusammenhalten.** Xanthan Gum ist hier die einfachste Möglichkeit.
1 gehäufter TL (5 g bis 7 g) auf 250 g Mehl reicht aus, um den Teig für die Nudelmaschine zu stabilisieren.

Weitere Bindemittel sind Johannisbrotkernmehl oder gemahlene Flohsamenschalen. Außerdem funktioniert auch die Zugabe von Ei oder der Einsatz von heißem Wasser als Bindemittel. Dies ist allerdings je nach Mehlsorte unterschiedlich.

Glutenfreien Nudeln fehlt oft der elastische Biss. Den kann man durch das Mischen von verschiedenen Mehlsorten verbessern.

Zutaten für 2 Portionen

GLUTENFREIE NUDELN MIT LINSENMEHL

250 g Linsenmehl, 75 ml kaltes Wasser

oder für eine bissfestere Konsistenz:

200 g Linsenmehl, 50 g weißes Maismehl, 75 ml heißes Wasser

Trockene Zutaten in die Maschine geben.

Maschine starten und Flüssigkeit langsam hinzugeben.

Den Teig nur einmal kneten und nicht ruhen lassen. Wird der Teig zulange geknetet wird er sehr zäh und hart wie Zement.

Die Nudeln sofort ausgeben lassen. Der Teig ist anfangs warm und weich, wenn er frisch aus der Maschine kommt. Er trocknet aber schnell und wird dann fest.

Kochzeit: 2 bis 3 Minuten
Bei glutenfreien Nudeln ist das Zeitintervall zwischen gar und verkocht sehr klein. Deshalb beim Kochen immer wieder probieren. Durch die Zugabe von einem guten Schuss Essig ins Kochwasser verbessert sich der Geschmack der Nudeln und der strenge Geruch von Hülsenfrüchten verfliegt.

Nudeln aus reinem Linsenmehl sind sehr weich, bei der Zugabe von weißem Maismehl verbessert sich der Biss. Wer mag, kann aber durchaus reine Linsenmehlnudeln herstellen. Das heiße Wasser in einigen Rezepten wird zur Bindung eingesetzt. Jedoch funktioniert dies nicht ganz so gut bei langen Nudeln. Falls diese brechen, sollte 1 TL Xanthan oder ein anderes Bindemittel zugemischt werden.

Zutaten für 2 Portionen

GLUTENFREIE NUDELN MIT KICHERERBSENMEHL

250 g Kichererbsenmehl, 90 ml Flüssigkeit (1 Ei, Rest kaltes Wasser)

oder für eine bissfestere Konsistenz:

125 g Kichererbsenmehl, 125 g weißes Maismehl, 75 ml heißes Wasser

Trockene Zutaten in die Maschine geben.

Maschine starten und Flüssigkeit langsam hinzugeben.

Den Teig nur einmal kneten und nicht ruhen lassen. Wird der Teig zulange geknetet wird er sehr zäh und hart wie Zement.

Die Nudeln sofort ausgeben lassen. Zügig arbeiten, da sie sehr schnell herauskommen und die Nudeln in gewünschter Länge abschneiden. Brüchige Nudeln beiseitenehmen und gegen Ende wieder in die Knetkammer werfen.

Wenn die Matrize zu dünn und fein ist, brechen die Nudeln leichter. Einfacher ist es mit Fettucine oder Bandnudelmatrizen.

Kochzeit: 2 bis 3 Minuten
Bei glutenfreien Nudeln ist das Zeitintervall zwischen gar und verkocht sehr klein. Deshalb beim Kochen immer wieder probieren. Durch die Zugabe von einem guten Schuss Essig ins Kochwasser verbessert sich der Geschmack der Nudeln und der strenge Geruch von Hülsenfrüchten verfliegt.

TIPP

Kichererbsenmehl ist pur sehr spröde und sollte mit einem Bindemittel wie Ei oder Xanthan verwendet werden. Um die Textur zu verbessern, kann weißes Maismehl zugemischt werden. Lange Nudeln funktionieren gut mit dem Rezept mit Ei. *Siehe Seite 142.*

GLUTENFREIE NUDELN MIT MAISMEHL

Zutaten für 2 Portionen

160 g weißes Maismehl, 75 g gelbes, sehr feines Maismehl, 10 g Reismehl, 5 g Speisestärke, 120 ml heißes Wasser

Trockene Zutaten in die Maschine geben.

Die Maschine anschalten und 30 Sekunden lang kneten lassen, damit sich die verschiedenen Mehle gut vermischen. Danach langsam das kochend heiße Wasser hinzugeben.

Den Teig nur einmal kneten und nicht ruhen lassen. Er sieht sehr trocken aus, aber ist relativ feucht, wenn er herausgepresst wird.

Um stabile Nudeln zu erhalten, muss der Teig zweimal durch die Maschine gepresst werden. Die Nudeln kommen zuerst fransig aus der Maschine. Maschine trotzdem weiter ausgeben lassen, bis in der Knetkammer fast kein Teig mehr drin ist. Die Maschine pausieren und die gesamten Nudeln wieder in die Maschine geben, anschalten und ein zweites Mal herauspressen lassen. Jetzt sollten die Nudeln ihre Form behalten, da die zweite Extrusion die Nudeln stabilisiert.

Bei mehr als zwei Extrusionen, werden die Nudeln wieder spröde und zerfallen, sobald sie aus der Maschine kommen, da der Teig mittlerweile abgekühlt ist und die Bindefähigkeit durch das heiße Wasserverflogen ist.

Kochzeit: 1 bis 2 Minuten
Die Nudeln garen sehr schnell. Immer wieder probieren!

Empfohlene Matrize
Die Rezepte funktionieren wunderbar bei kurzen Nudeln wie Penne, Radiatore, Conchiglia oder Orchiette. Um lange Nudeln herzustellen, sollte 1 TL Xanthan oder Johannisbrotkernmehl zu 250 g Mehl hinzugefügt werden. Weitere Rezepte auf Seite 147.

Diese Maismehl-Nudeln haben eine hellgelbe Farbe und lassen sich kaum von Nudeln aus Hartweizengrieß unterscheiden. Sie sind elastisch und schön bissfest. Wird Ei zur Bindung verwendet, werden die Nudeln fester und haben eine bröselige Konsistenz, ähnlich wie bei Vollkornnudeln. Deswegen ist hier die Zugabe von Ei nicht zu empfehlen, wenn sie einen elastischen Biss haben sollen.

Was ist weißes Maismehl?

Weißes Maismehl besteht aus vorgekochten Maiskörnern. Die trockenen Maiskörner werden zuerst in gelöschtem Kalkwasser gekocht und solange eingeweicht bis sie aufquellen. Dann wird alles zu Mehl vermahlen. Dieser Vorgang macht den Mais bekömmlicher, der menschliche Körper kann die im Mais enthaltenen Nährstoffe besser verwerten. Weißes Maismehl ist sehr wichtig in Ländern, in denen Mais Hauptnahrungsmittel ist und beugt Mangelernährung vor. Außerdem bekommt das Mehl durch die Vorbehandlung verbesserte Klebeeigenschaften, um es für verschiedenes Gebäck und eben auch Nudeln weiterverarbeiten zu können. Es ist typisch für Gerichte aus Kolumbien, Venezuela oder Mexiko. Weißes Maismehl ist unter Bezeichnungen wie **„Vorgekochtes, weißes Maismehl", „White Maize Flour" oder „Maza Harina"** in Asialäden erhältlich.

Was ist gelbes Maismehl?

Gelbes Maismehl besteht aus unbehandelten getrockneten, gemahlenen Maiskörnern. Sehr grobe Varianten sind auch unter dem Namen Maisgrieß bekannt, welches für Polenta benutzt wird. Für die Nudelherstellung wird sehr feines Maismehl benötigt. Die Feinheit sollte etwa der von doppelt gemahlenem Hartweizengrieß entsprechen. Wer einen Hochleistungsmixer hat, kann auch feines Mehl aus grobem Polentagrieß herstellen.

Ist es egal, welche Speisestärke genommen wird?

Sofern im Rezept nur Speisestärke angegeben ist, kann Mais- oder Kartoffelstärke verwendet werden. Tatsächlich bietet Kartoffelstärke die besseren Eigenschaften, was Festigkeit, Biss und Elastizität angeht. Kartoffelstärke sollte daher der Maisstärke vorgezogen werden.

Was ist mit vorgefertigten glutenfreien Mehlmischungen (z. B. von der Marke Schär)?

Vorgefertigte Mehlmischungen enthalten bereits ein Bindemittel, sodass sie sich wie normales Mehl verarbeiten lassen. Die Mehlmischungen sind für bestimmte Speisen abgestimmt. Daher ist es wichtig nur Pasta-Mehlmischungen zu verwenden und nicht welches, das für Brot oder Kekse gedacht ist. Die Pastamehlmischung von Schär („Schär Farine" oder „Schär Mix it! Universal") funktioniert gut mit der Zugabe von reinem Ei (siehe Rezept auf Seite 147). Die Nudeln müssen zweimal ausgegeben werden, damit sie nicht brechen (siehe Beschreibung auf Seite 144). Falls es nicht klappt, sollte extra Xanthan oder Johannisbrotkernmehl zur Bindung hinzugeben werden.

180 g Buchweizenmehl, 70 g Kichererbsenmehl, 75 ml heißes Wasser.

Mehlsorten in die Maschine geben. Maschine anschalten, kurz mischen lassen und dann das Wasser hinzugeben. Einmal kneten lassen und sofort ausgeben. Dieses Rezept funktioniert gut bei kurzen Nudeln.

150 g Reismehl, 150 g Klebreismehl, 5 g Johannisbrotkernmehl, 180 ml Vollei.

Trockene Zutaten in die Maschine geben. Eier mit Wasser verrühren und langsam hinzugeben. Einmal kneten lassen und sofort ausgeben.

200 g Reismehl, 60 g Speisestärke, 5 g Johannisbrotkernmehl, 130 ml heißes Wasser.

Trockene Zutaten hineingeben. Maschine anschalten und langsam Wasser hinzugeben. Einmal kneten und insgesamt zweimal ausgeben lassen. Nudeln nicht abschneiden. Die Länge reguliert sich beim Kochen selbst, da einige brechen werden.

250 g „Schär Mix it! Universal", 1/4 TL Kurkuma, 120 g Vollei (entspricht 2 L-Eiern), 10 g Öl.

Mehl in die Maschine geben. Eier mit Öl verrühren und langsam hinzugeben. Einmal kneten lassen und insgesamt zweimal ausgeben lassen. Dieses Rezept funktioniert besonders gut bei Spaghetti oder Lasagne-Blättern.

250 g „Schär Mix it! Universal", 1/4 TL Kurkuma, 4 g Johannisbrotkernmehl, 120 ml Flüssigkeit (1 EL Öl, Rest Wasser).

Mehl in die Maschine geben. Eier mit Öl verrühren und langsam hinzugeben. Einmal kneten lassen und insgesamt zweimal ausgeben lassen.

300 g gekochte Kartoffeln, 80 g Kartoffelstärke, 110 g „Schär Mix it! Universal", 1 Ei, 1 EL Öl.

Kartoffeln wie auf Seite 90 beschrieben zubereiten. Fein reiben und mit der Stärke und dem Mehl in die Knetkammer geben. Ei mit Öl verrühren und langsam hinzugeben. Einmal kneten lassen und sofort ausgeben. Dieses Rezept ist ausschließlich für die Kartoffel-Gnocchi-Matrize geeignet.

TIPP

In einigen Rezepten wird verlangt, dass die Nudeln zweimal ausgegeben werden. Dafür die fertigen Nudeln zurück in die Knetkammer werfen und alles ein zweites Mal durch die Matrize ausgeben. Auf diese Weise werden sie kompakter und weniger brüchig. Dies jedoch nicht zu oft machen. Der Teig wird sonst überknetet und hält dann gar nicht mehr.

SCHUPFNUDELN

Schupfnudeln, auch Fingernudeln, Kartoffelnudeln oder Buabaspitzla genannt, bestehen aus Kartoffeln, Mehl und Eiern. Es gibt auch Variationen ganz ohne Kartoffel, mit einer Mischung aus rohen Kartoffeln und gekochten Kartoffeln, mit Roggenmehl, Kartoffelstärke oder auch mit Quark.

Diese Spezialität ist vor allem in Süddeutschland und in den Alpenregionen verbreitet. Schupfnudeln werden zuerst gekocht und danach nochmal in Butter oder Schmalz knusprig gebraten. Es gibt Varianten, die im Ofen gebacken oder in heißem Fett frittiert werden.
Man kann Schupfnudeln als Beilage zu Braten oder auch als Hauptgericht mit Speck und Sauerkraut servieren. Mit Zimtzucker, Butterbrösel und Apfelmus serviert eignen sie sich auch gut als Nachspeise.

Traditionell werden Schupfnudeln in Handarbeit hergestellt, aber es ist dennoch möglich sie mit der Nudelmaschine zuzubereiten.

Da der Teig dem von Kartoffelgnocchi ähnelt, kann die Maschine damit gut umgehen.
Die Schwierigkeit liegt darin eine passende Matrize dafür zu finden. Benötigt wird eine Matrize, die sehr große und dicke Nudeln herstellen kann, Grissini-Matrizen eignen sich dafür sehr gut.

Diese Schupfnudeln sind lecker, auch wenn sie nicht ganz so dick sind wie die Handgemachten.

Die Schupfnudeln am besten in einer Mischung aus Mehl und Kartoffelstärke wälzen, damit sie nicht zusammenkleben.

SCHUPFNUDELN

Zutaten für 2 Portionen

250 g Kartoffeln, 50 g Weichweizenmehl 405, 30 g Kartoffelstärke, 1/2 TL Salz, 1 Eigelb

Am Vortag gekochte Kartoffeln mit einer Gabel oder einer Kartoffelpresse fein zerdrücken. Wenn die Gabel verwendet wird, sollte darauf geachtet werden, die Kartoffeln nicht zu zerquetschen, sondern eher zu zerkrümeln. Es ist auch möglich die Kartoffeln feinzureiben.

Kartoffeln, Mehl, Stärke und Salz in die Maschine geben, anschalten und eine Weile kneten lassen. Ein Ei trennen und das Eigelb direkt auf den Deckel in den vorhandenen Schlitz geben. Mit einer Gabel das Eigelb zerdrücken und durch die Schlitze tröpfeln lassen.

1x

Nach ungefähr 2 Minuten Knetzeit die Maschine anhalten und ausschalten. Danach wieder anschalten und den Sofort-Ausgabeknopf drücken. Je länger der Teig geknetet wird, desto schneller wird er klebrig und lässt sich dann nicht mehr gut verarbeiten.

Die Nudeln etwas kürzer als Zeigefingerlang abschneiden und auf Seisestärke fallen lassen. Jede Nudel einzeln in die Hand nehmen, auf die Handinnenfläche legen und mit der zweiten Hand hin- und herrollen, sodass die Enden angespitzt werden. So mit allen Nudeln verfahren. Auf diese Weise wird der Teig stabiler und die Schupfnudel bekommt ihre typische Form.

Kochzeit: 1 bis 3 Minuten
Die Schupfnudeln in gesalzenes Wasser geben und warten bis sie oben schwimmen. Danach noch etwas im Wasser ziehen lassen, bis die gewünschte Konsistenz erreicht ist.

Empfohlene Matrize
Dicke Grissini-Matrizen ab 10mm Durchmesser.

TIPP

Es werden mehligkochende oder vorwiegend festkochende Kartoffeln gebraucht. Frischgekochte Kartoffeln sind für den Teig, den der Pastamaker braucht, zu feucht. Deswegen die Kartoffeln vorkochen einen oder mehrere Tage im Kühlschrank austrocknen lassen. Alternativ schonend im Ofen backen, pellen und ausdampfen lassen.

Grobe Zutaten wie Nüsse oder Rosinen sollten nicht in den Teig geknetet werden. Lieber später auf die Glasur streuen, da sie die Matrize sonst verstopfen.

SPRITZGEBÄCK

Spritzgebäck besteht traditionell aus einem weichen Mürbeteig, der durch eine Tülle gespritzt oder durch einen Fleischwolf gepresst wird. Da der Pasta Extruder ähnlich funktioniert wie ein Fleischwolf, kann Spritzgebäck ebenfalls über die Maschine hergestellt werden. Es gibt dafür spezielle Matrizen.

Das Verhältnis von Zucker, Fett und Mehl ist bei klassischem Mürbeteig vorgeschrieben. 3:2:1, also drei Teile Mehl, zwei Teile Butter und ein Teil Zucker. Wird dem Teig ein Ei hinzugegeben lautet das Verhältnis 4:2:1. Wird nur Eiweiß verwendet wird das Gebäck besonders knusprig und nur mit Eigelb wird das Gebäck mürber. Ohne das Ei verliert der Teig an Stabilität und zerbröselt leichter.

Um die Konsistenz noch feiner hinzubekommen, wird oft etwas Speisestärke zum Mehl gegeben. **Veganer Mürbeteig ist ebenfalls möglich, als Bindung dient hier etwas Bananenbrei oder eine Mischung aus Kichererbsenmehl und Wasser.**

Um den Teig besser spritzen zu können, wird dem klassischen Spritzgebäckteig etwas Flüssigkeit in Form von Milch hinzugefügt.
Dies ist bei der Zubereitung in der Nudelmaschine nicht nötig. Der Teig sollte möglichst bröselig und trocken bleiben. Um dies zu erreichen, muss die Butter sehr kalt sein und der Teig schnell verarbeitet werden.
Ist der Teig trotzdem zu flüssig, hilft die Zugabe von etwas Mehl

Das Rezept kann durch durch die Hinzugabe von anderen Mehlsorten, Haferflocken, Nüssen und Gewürzen variiert werden, sodass auch Butterkekse und anderes Gebäck innerhalb kürzester Zeit hergestellt werden können.

Zutaten für 2,5 Bleche

SPRITZGEBÄCK MIT EI

200 g Weichweizenmehl, 100 g kalte Butter, 50 g Puderzucker, 1 Päckchen (8 g) Vanillezucker, 1 Prise Salz, 1 TL Backpulver, 1 Eigelb

SPRITZGEBÄCK VEGAN

200 g Weichweizenmehl, 80 g kalte Margarine, 50 g Puderzucker, 1 Päckchen (8 g) Vanillezucker, 2 EL Bananenpüree, Prise Salz, 1 TL Backpulver

Mehl, Zucker, Vanillezucker, Backpulver und Salz in die Maschine geben. Butter direkt aus dem Kühlschrank nehmen, in möglichst kleine Würfel schneiden und zu dem Mehl in die Knetkammer geben. Einmal hinzugefügte Butter lässt sich schwierig entfernen, deswegen lieber separat abwiegen.

Das Ei trennen. Dann Maschine anschalten und langsam das Eigelb über den Schlitz hineinträufeln. Keine weitere Flüssigkeit zugeben.

1x

Den Teig nur einmal kneten und nicht ruhen lassen. Wird er zulange geknetet, fängt die Butter an zu schmelzen, sodass alles zu weich wird. In diesem Fall etwas Mehl hinzugeben oder im Kühlschrank fest werden lassen.

Das Spritzgebäck sofort ausgeben. Der Teig kommt sehr schnell heraus, deswegen zügig arbeiten und die abgeschnittenen Stücke direkt auf ein Backblech mit Backpapier legen. Falls er bröselig herauskommt, einfach abschneiden und wieder in die Maschine geben, bis er schön wird. Keine weitere Flüssigkeit zugeben, der Teig reguliert sich von selbst, sobald die Butter schmilzt.

Backzeit: 10 bis 15 Minuten
Backofen auf 160 Grad Umluft vorheizen. Je nach Dicke das Gebäck 10 bis 15 Minuten goldgelb backen.

Empfohlene Matrize
Spritzgebäckmatrize oder Grissini-Matrize.

Anstatt der angegebenen Mehlmenge kann 1/4 des Mehles mit gemahlenen Mandeln, Haselnüssen, Kokosflocken oder Buchweizenmehl ersetzt werden. Anstatt Weizenmehl kann auch mit Dinkel oder Vollkornmehl gearbeitet werden. Feingemahlene Zutaten wie Kakaopulver, weitere Gewürze oder Zitronenabrieb können dem Grundteig problemlos hinzugefügt werden.
Gröbere Zutaten wie Schokostreusel lieber am Ende auf die Kekse streuen, da sie die Matrize verstopfen können.

Funktioniert auch handgekneteter Spritzgebäckteig?

Ja, es ist möglich, das ganz klassische Spritzgebäckrezept von Oma per Hand zuzubereiten und durch die Nudelmaschine ausgeben zu lassen. Der Teig sollte vor der Ausgabe im Kühlschrank oder sogar im Gefrierfach ruhen, damit er fester wird. Danach portionsweise in die Maschine zur Ausgabe geben. Es hilft einzelne Teigportionen in etwas Mehl zu wenden, damit sie nicht aneinander kleben.

Lässt sich auch normaler Zucker verwenden?

Da die Maschine nur sehr kurz knetet, löst sich normaler Kristallzucker nicht schnell genug auf. Deswegen lieber auf Puderzucker zurückgreifen.

Kann anstatt Butter Margarine verwendet werden?

Margarine ist selbst im gekühlten Zustand viel weicher als Butter. Deswegen muss die Menge reduziert werden, damit der Teig trocken genug für den Pasta Extruder ist. Die Margarine nicht mit Speise- oder Kokosöl ersetzen, da diese Öle zu flüssig sind und das Gebäck seine Form nicht behalten wird. Es würde einfach auf dem Backblech zerfließen.

Kann das Ei oder der Eiersatz auch weggelassen werden?

Ohne das Bindemittel Ei wird das Gebäck sehr mürbe und zerbröselt leicht. Bei Spritzgebäck ist es daher wichtig, nicht auf das Ei oder ein alternatives Bindemittel zu verzichten. Wird ein ganzes Ei oder nur das Hühnereiweiß verwendet, wird das Gebäck besonders knusprig.
Wer es etwas feiner haben will, nimmt nur Eigelb. Das übriggebliebene Eiweiß kann zum Nudeln verwendet werden. Siehe Seite 86.

150 g Weizenmehl, 50 g Haferflocken, 100 g kalte Butter, 50 g Puderzucker, 1 Päckchen Vanillezucker, Salz, 1 TL Backpulver, 1 Eigelb.

Trockene Zutaten in die Maschine geben. Kalte Butter möglichst klein würfeln und hinzugeben. Nun die Maschine anschalten. Langsam das Eigelb über den Schlitz einträufeln. Einmal kneten und sofort ausgeben lassen.

170 g Weizenmehl, 30 g feine Kokosflocken, 100 g kalte Butter, 50 g Puderzucker, 1 Päckchen (8 g) Vanillezucker, Salz, 1 TL Backpulver, 1 Eigelb.

Trockene Zutaten in die Maschine geben. Kalte Butter möglichst klein würfeln und hinzugeben. Nun die Maschine anschalten. Langsam das Eigelb über den Schlitz einträufeln. Einmal kneten und sofort ausgeben lassen.

120 g Vollkorndinkelmehl, 50 g gemahlene Haselnuss, 30 g Speisestärke, 100 g kalte Butter, 50 g Puderzucker, 1 Päckchen (8 g) Vanillezucker, Salz, 1 TL Backpulver, 1 Eigelb.

Trockene Zutaten in die Maschine geben. Kalte Butter möglichst klein würfeln und hinzugeben. Nun die Maschine anschalten. Langsam das Eigelb über den Schlitz einträufeln. Einmal kneten und sofort ausgeben lassen.

180 g „Schär-Mehl Mix C“ für Kuchen und Kekse, 70 g gemahlene Mandeln, 80 g Puderzucker, 1 Päckchen (8 g) Vanillezucker, 80 g kalte Butter, 1 großes Ei, Salz.

Trockene Zutaten in die Maschine geben. Kalte Butter möglichst klein würfeln und hinzugeben. Nun die Maschine anschalten. Ei verquirrlen und über den Schlitz einträufeln. Einmal kneten und sofort ausgeben lassen.

150 g Weizenmehl, 50 g gemahlene Mandeln, 80 g kalte Margarine, Orangenabrieb, 50 g Puderzucker, 1 Päckchen (8 g) Vanillezucker, 2 EL Bananenpüree, Salz.

Trockene Zutaten in die Maschine geben. Erst die kalte Margarine, dann das Bananenpüree direkt in die Knetkammer zum Mehl geben. Nun die Maschine anschalten. Einmal kneten und sofort ausgeben lassen.

150 g Weizenmehl, 50 g Haferflocken, 80 g kalte Margarine, 50 g Puderzucker, 1 Päckchen (8 g) Vanillezucker, 2 gehäufte EL Kichererbsenmehl, 3 EL Wasser, Salz.

Trockene Zutaten in die Maschine geben. Kalte Margarine hinzugeben. Kichererbsenmehl mit Wasser verrühren, um einen Ei-Ersatz herzustellen. Maschine anschalten und den Eiersatz über den Schlitz einträufeln. Einmal kneten und sofort ausgeben lassen.

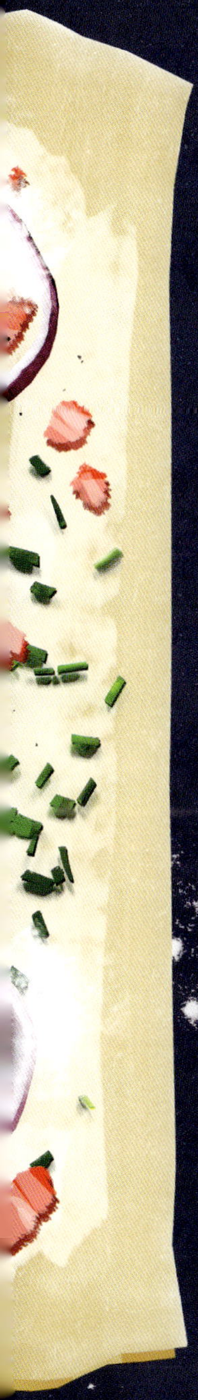

FLAMMKUCHEN

Flammkuchen ist eine Spezialität aus dem Elsass und den angrenzenden Regionen. Er besteht aus dünn ausgerolltem Brotteig, welcher mit verschiedenen Zutaten belegt bei hoher Hitze im Holzofen gebacken wird. **Ursprünglich wurde Flammkuchen immer vor dem Brot gebacken, um zu testen, ob die Temperatur für das Brot noch zu hoch wäre oder nicht.**

Bevorzugt wird Teig nur mit Weichweizenmehl, Öl und Wasser ohne Hefe. **Die Kombinaton aus Sauerrahm, Lauch und Speck als Belag ist sehr beliebt und ist auch als „Elsässer Flammkuchen“ bekannt.** Belegt werden kann der Flammkuchen auch mit verschiedenen würzigen Weichkäsesorten, Zwiebeln und Gemüse. Ob auf einen Flammkuchen geriebener Hartkäse gehört so wie auf einer Pizza, ist umstritten. Tatsache ist allerdings, dass die Variante mit Käse sehr schmackhaft und beliebt ist und darum oft so in Restaurants angeboten wird.

Obwohl Flammkuchen leicht mit der Hand herzustellen ist, greifen viele Menschen auf Fertigteig zurück. **Mit der Lasagne-Matrize können mit wenig Zeitaufwand frische Flammkuchenteigplatten erstellt werden, die dem industriell hergestelltem Teig ähneln.** Da die Mehlsorten und weitere Zutaten selbst bestimmt werden können, ist Flammkuchen aus der Nudelmaschine die bessere Alternative zu gekauftem Teig. Den handgerollten Teig kann er jedoch nicht übertreffen, da dieser durch das Kneten und die feuchtere Teigstruktur lockerer ist.

Mit der verstellbaren Lasagne-Matrize wäre es sogar möglich, dicke Teigplatten für Pizza herzustellen. Handgekneteter Pizzateig schmeckt aber deutlich besser, sodass es sich geschmacklich wenig lohnt, Pizzateig im Pasta Extruder herzustellen. Wer es trotzdem probieren will, sollte das Rezept mit Hefe verwenden, wobei 2 bis 3 EL des Mehls mit Hartweizengrieß ersetzt werden. So wird der Teig knuspriger.

Zutaten für 2,5 Bleche

FLAMMKUCHEN OHNE HEFE

250 g Mehl, 1/2 Prise Salz, 105 ml Flüssigkeit (15 ml Öl + Rest Wasser)

FLAMMKUCHEN MIT HEFE

220 g Mehl, 1/2 TL Salz, 1/2 Pckg Trockenhefe, 1 Prise Zucker,
100 ml Flüssigkeit (10 ml Öl + Rest Wasser)

Mehlsorten in die Maschine geben.

Zuerst das Öl in den Messbecher geben und danach mit Wasser auffüllen. Bei der Variante mit Hefe handwarmes Wasser verwenden. Zucker und Hefe ebenfalls nach dem Abmessen zur Flüssigkeit hinzugeben, sodass die Hefe schon mal aktiv werden kann. Maschine anschalten und die Flüssigkeit langsam hineingießen.

1x Den Teig nur einmal kneten und 15 Minuten ruhen lassen. Das Ruhen kann hier aber auch übersprungen werden. Danach sofort ausgeben.

Zügig arbeiten und den Teig sofort auf ein mit Backpapier ausgelegtes Backblech legen. Flammkuchen belegen und backen.

Backzeit: 10 bis 15 Minuten
Bei maximaler Hitze 10 bis 15 Minuten backen. Die Teigränder sollten eine goldbraune Farbe erhalten, dann wird er besonders knusprig. Beim Backen immer dabei bleiben, da er schnell verbrennen kann.

Empfohlene Matrize
Lasagne-Matrizen ab der Dicke von 0,8 mm oder höher.

TIPP

Damit der Teig später einen knusprigeren Boden bekommt, erst etwas Mehl aufs Backpapier streuen und die Teigplatten darauf legen. Die Teigplatten nicht komplett bis zu den Rändern legen, damit sie später knusprig werden. Außerdem ist das Vorheizen des Backofens sehr wichtig. Er sollte auf maximale Hitze und mit Umluft vorgeheizt werden.

Beim Backen das Backblech auf die unterste Schiene, also direkt auf den Boden des Backofens stellen, sodass der Flammkuchen die maximale Unterhitze bekommt.

Auf diese Weise werden die Backbedingungen eines Holzofens simuliert. Noch bessere Ergebnisse liefert ein Pizzastein.

GRISSINI

Grissini sind knusprige Brotstangen aus Hefeteig, die gerne als Vorspeise oder Häppchen zu Wein, Oliven und Käse gereicht werden. Sie gehören in der Gegend rund um die norditalienische Stadt Turin fest zur regionalen Küche, mittlerweile sind sie weltweit bekannt und werden gerne zu Tapas oder Buffets gereicht.

Es gibt verschiedene Techniken, wie Grissini traditionell zubereitet werden. **Der Teig besteht meist aus Weichweizenmehl und Hartweizengrieß sowie Wasser, Salz und Olivenöl.** Es gibt auch Varianten mit Milch und Butter anstatt Wasser und Olivenöl. Um die Stangen zu formen, wird der Teig in Stücke geschnitten und diese in die Länge gezogen. Daher ist es wichtig, dass der Teig elastisch und reissfest ist.

Man kann den Teig auch flach ausrollen, in lange Streifen schneiden und diese mit den Händen zu Stangen rollen. Es sieht auch hübsch aus, wenn die Teigschlangen um die eigene Achse gedreht werden, sodass gezwirbelte Grissini-Stangen entstehen. Grissini aus dem Pasta Extruder haben Ähnlichkeit mit dem industriell hergestellten Pendant. Die Herstellung ist sehr schnell und ist eine gute Alternative zur handgekneteten Variante.

Zur Herstellung wird eine extra Grissini-Matrize benötigt. Es gibt zwar Anleitungen im Internet, welche die Penne-Matrize von Philips zweckentfremden, indem sie das Innenteil einfach herausnehmen. Auf diese Weise werden ebenfalls dicke Teigschlangen erzeugt. **Jedoch ist diese Methode nicht sehr sicher, da das Verbindungsstück Zwischen Knethaken und Matrize fehlt.** Im schlimmsten Fall kann der Knethaken verrutschen und die Maschine beschädigen.

Mit den richtigen Grissini-Matrizen lassen sich auch andere Dinge herstellen wie z. B. kleine Gnocchi, süße Knabberstangen oder Hundekekse.

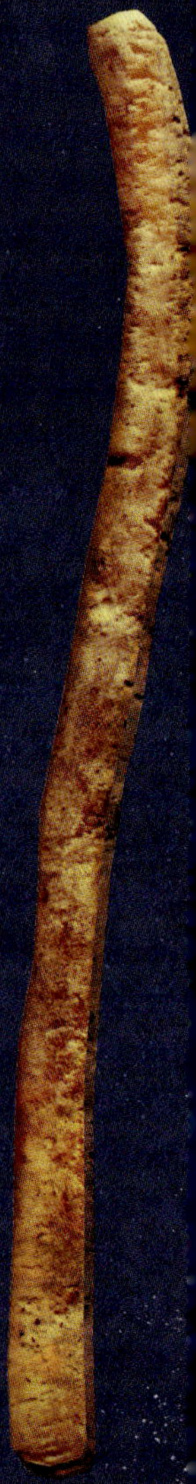

Zutaten für 2,5 Bleche

GRISSINI

250 g Weichweizenmehl, 15 g Hartweizenmehl, 1/2 EL Salz, 1/2 TL Zucker, 7 g Trockenhefe, 100 ml warmes Wasser, 25 ml Olivenöl

Die Mehle sowie das Salz in die Maschine geben.

Wasser mit dem Zucker und der Hefe vermischen und einige Minuten warten bis sie aktiv wird. Danach die Maschine anschalten und das Hefewasser langsam zum Mehl geben. Erst danach Olivenöl hinzugeben.

2x Den Teig insgesamt 2-mal kneten und anschließend 20 Minuten ruhen lassen (Siehe Seite 32).

Die Grissini-Stangen ausgeben lassen und auf ein mit Backpapier ausgelegtes Backblech legen und backen.

Mit der Lasagne-Matrize oder der Keks-Matrize lassen sich mit diesem Teig ganz einfach Cracker herstellen.

Backzeit: 15 bis 25 Minuten

Den Ofen auf 180 °C vorheizen und je nach Dicke 15 bis 25 Minuten knusprig backen. Je länger und knuspriger die Grissini gebacken werden, desto länger lassen sie sich lagern und desto länger behalten sie ihre Knusprigkeit.

Empfohlene Matrize

Es gibt eigene Grissini-Matrizen. Deren Dicke varriiert zwischen 6 mm und 10 mm. Um Kekse und Cracker herzustellen, können auch die Spritzgebäck- oder dicke Lasagne-Matrize verwendet werden.

TIPP

Dem Teig können während des zweiten Knetvorgangs weitere Zutaten zugegeben werden wie kleingehackte Oliven, Käse, Speck, getrocknete Tomaten, Gewürze oder Kräuter.

Die Stangen können mit etwas Wasser oder Öl bestrichen und dann in Sesam, Mohn oder Kümmel gewälzt werden.

HUNDEKEKSE

Zutaten für 2,5 Bleche

120 g gemahlene Haferflocken, 30 g Dinkelvollkornmehl, 100 g mittelalter Gouda, 1 Ei, feingehackte Petersilie

Haferflocken in einem Mixer fein mahlen oder Hafermehl stattdessen nehmen. Mit dem Dinkelmehl in die Maschine geben.

Den Käse fein reiben und mit dem Ei, der Butter und der feingehackten Petersilie vermischen. Die feuchte Masse zu dem Mehl in die Maschine geben.

Den Teig einmal kneten und nicht ruhen lassen.

Sofort ausgeben lassen. Der Teig kommt sehr schnell heraus, deswegen zügig arbeiten und die abgeschnittenen Stücke direkt auf ein Backblech mit Backpapier und etwas Mehl fallen lassen.

Backzeit: 10 bis 15 Minuten
Den Ofen auf 180 °C vorheizen und je nach Dicke 10 bis 15 Minuten knusprig backen. Je länger die Leckerlis gebacken werden, desto länger bleiben sie knusprig. Sie sollten nach dem Abkühlen luftdicht verpackt und aufbewahrt werden.

Empfohlene Matrize
Grissini-Matrizen, Spritzgebäck-Matrizen sowie die Penne- und die Parpadelle-Matrize von Philips eignen sich gut für Hundeleckerlis. Anstatt kleine Stückchen können auch lange Stangen und große Kekse hergestellt werden.

TIPP

Die Leckerlis können mit vielen weiteren Zutaten variiert werden. Besonders gut funktionieren Zutaten, welche intensiv riechen, wie z. B. Schinken, Räucherkäse, Leberwurst, Lachsöl und verschiedene Kräuter. Es ist auch möglich, rohes Hackfleisch oder gekochtes Fleisch zu verarbeiten. Es sollte eine feinpürierte, aber nicht zu trockene Masse werden, die dann später mit dem Mehl vermischt wird.

Der Teig sollte sich während des Knetens nicht zu einem Klumpen verbinden. Wenn dies passiert, mehr Mehl hinzugeben.
Es hilft auch, die feuchte Masse zu halbieren und in zwei Schritten zum Mehl zu geben. Auf diese Weise kann sich die Feuchtigkeit nicht sofort mit dem Mehl verbinden. Die Konsistenz bleibt trocken, sodass die Ausgabe einfacher wird.

150 g Kartoffelflocken, 200 g Mettwurst, 2 EL Apfelmus, 1 Ei, Petersilie.

Kartoffelflocken in die Maschine geben, Mettwurst mit dem Apfelmus zu einer Paste verrühren, Petersilie besonders feinhacken. Alle Zutaten in die Maschine geben, einmal kneten lassen und ausgeben.

120 g Haferflocken, 30 g Buchweizen, 175 g grobe Leberwurst, 2 EL Bananenmus, Basilikum.

Haferflocken vorher fein mahlen. Alle Mehlsorten, Leberwurst, Bananenmus und fein gehacktes Basilikum in die Maschine geben. Einmal kneten lassen und ausgeben.

100 g Haferflocken, 50 g Maisgrieß, 100 g Gouda, 140 g Hüttenkäse, Anis, Oregano.

Feingemahlene Haferflocken und Maisgrieß in die Maschine geben. Gouda fein reiben und mit Hüttenkäse und Gewürzen mischen. Die Paste in die Maschine geben. Einmal kneten lassen und ausgeben.

Diese Leckerlis sollten nicht an Katzen verfüttert werden, da sie Getreide weniger gut vertragen.

100 g Dinkelvollkorn, 50 g Walnüsse, 80 g Quark, 1 Ei, 1 EL Lachsöl, 1 EL Honig.

Vollkornmehl in die Maschine geben, Walnüsse fein mahlen und mit Quark, Ei, Öl und Honig mischen. Alle Zutaten in die Maschine geben, einmal kneten lassen und ausgeben.

120 g Haferflocken, 30 g Dinkelmehl, 30 g Sonnenblumenkerne, 1 Banane, 1 EL Kokosöl.

Haferflocken und Sonnenblumenkerne vorher fein mahlen. Mit dem Dinkelmehl mischen. Banane zerdrücken und mit dem Kokosöl in die Maschine zu dem Mehl geben. Einmal kneten lassen und ausgeben.

100 g Dinkelmehl, 50 g Haselnüsse, 50 g Tiefkühl-Karotten, 50 g Banane, 1 EL Olivenöl

Haselnüsse fein mahlen, Karotten auftauen lassen und zusammen mit der Banane und dem Olivenöl zu einer Paste mixen. Falls zu trocken, mehr Banane hinzugeben. Alle Zutaten in die Maschine geben, einmal kneten lassen und ausgeben.

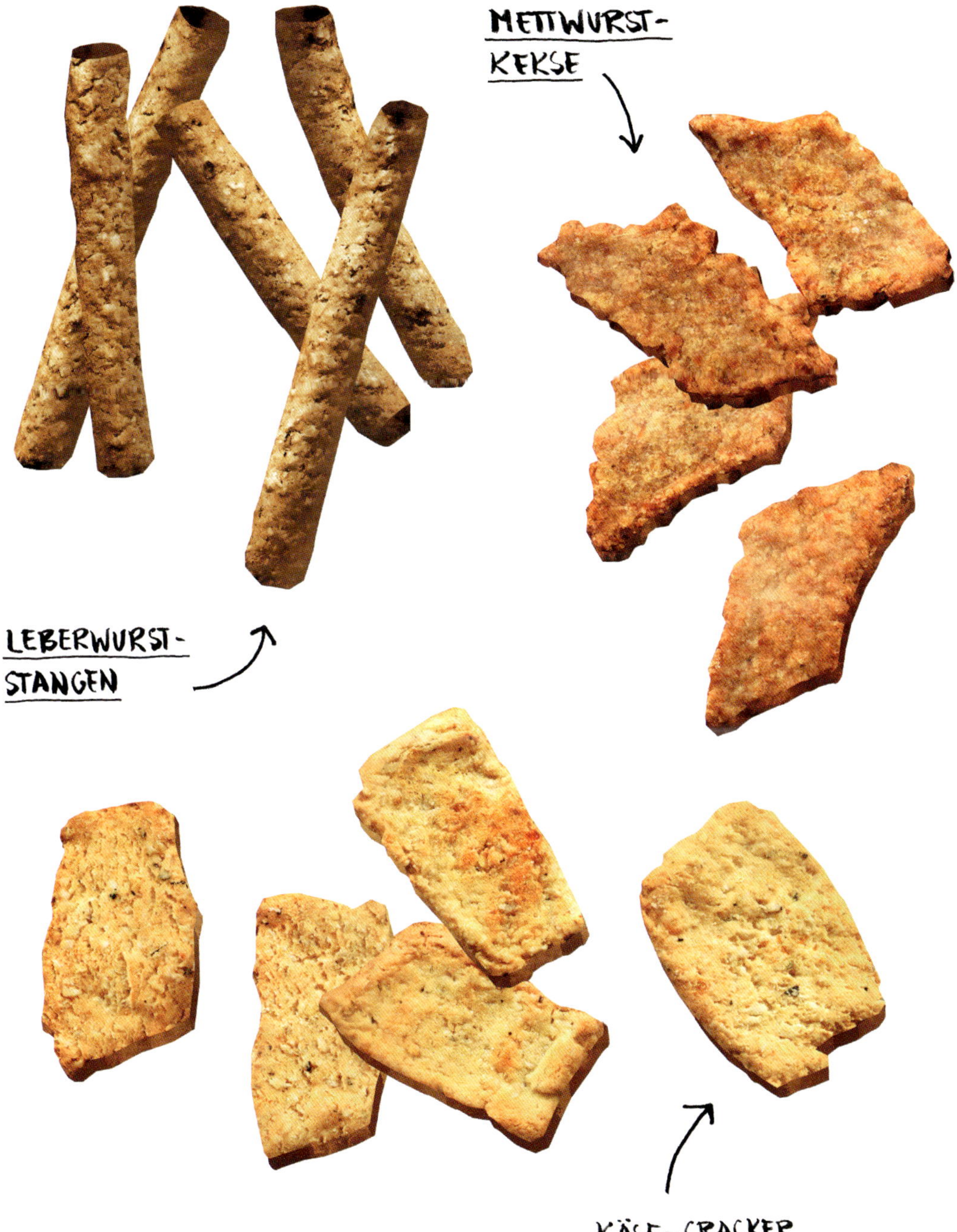
METTWURST-
KEKSE
LEBERWURST-
STANGEN
KÄSE-CRACKER

S

NUDELN KOCHEN

Die frischen Nudeln sind gemacht und müssen jetzt nur noch gekocht werden. Eigentlich ganz leicht, jedoch macht die richtige Technik nochmal einen großen Unterschied und wirkt sich positiv auf das fertige Gericht aus.

Pasta kochen:

- Wasser bei höchster Hitze aufkochen lassen und salzen. Die Faustregel besagt: 2 TL Salz pro Liter Wasser.
- Frische Nudeln hinzugeben und sofort vorsichtig umrühren, damit die Nudeln nicht zusammenkleben oder am Topfboden haften bleiben.
- Spätestens nach zwei Minuten die Nudeln probieren. Wenn sie in der Mitte noch leicht roh sind, sollten sie abgeschüttet werden. Einen Teil des Nudelwassers auffangen.
- Nudeln sofort zur Soße geben und solange darin köcheln lassen, bis die Nudeln perfekt gegart sind und die Soße gut aufgenommen haben. Dabei mehrmals umrühren.
- Falls die Soße zu trocken ist, hilft etwas Nudelwasser zum Verdünnen und Binden.
- Sofort heiß servieren und möglichst gleich verzehren.

Gnocchi, Schupfnudeln und Ravioli kochen:

- Wasser bei höchster Hitze aufkochen lassen und ordentlich salzen. 2 TL Salz pro Liter Wasser sind ein guter Richtwert.
- Frische Gnocchi hinzugeben und gründlich umrühren, damit sie nicht zusammenkleben oder am Topfboden haften bleiben.
- Sobald sie an die Oberfläche aufsteigen, eine Gnocchi probieren. Sie darf in der Mitte nicht mehr roh oder hart sein.
- Gnocchi mit einer Schaumkelle aus dem Wasser schöpfen anstatt sie abzuschütten, um sie nicht zu beschädigen. Dies gilt auch für Ravioli und andere gekochte Teigtaschen. Danach sofort zu der Nudelsoße, Suppe oder heißen Butter in die Pfanne geben.

Motivnudeln kochen:

- Wasser bei höchster Hitze aufkochen lassen und salzen.
- Frische Motivnudeln hinzugeben und vorsichtig umrühren.
- Sobald sie an die Oberfläche aufsteigen, eine Nudel probieren. Sie sollte noch fest sein, aber nicht mehr hart.
- Nudeln mit einer Schaumkelle aus dem Wasser schöpfen und in kaltem Wasser abschrecken. Auf diese Weise verformen sich die Nudeln nicht beim Abschütten und das Motiv bleibt erkennbar. Bei Teig mit einem Stabilisator wie Hühnereiweiß ist dies nicht nötig. Sie sind stabiler und können direkt in ein Sieb geschüttet werden.
- Nudeln in Suppe, als Nudelsalat oder mit Soße servieren.

Es ist nicht nötig, Olivenöl zum Kochwasser zu geben. Es verhindert nicht, dass die Nudeln zusammenkleben und wäre nur eine Verschwendung von Olivenöl, da das Wasser am Ende nicht verwendet wird. Stattdessen die Nudeln während der Kochzeit öfters umrühren, um sie voneinander zu separieren.

Vor dem Abschütten gerne Nudelwasser auffangen und zur Soße geben. Die darin enthaltene Stärke dickt die Soße an, sodass sie noch besser an den Nudeln haften bleibt. Nudelwasser kann auch dabei helfen, Pesto flüssiger zu machen, damit es sich besser vermischen lässt.

Warum schmecken die Nudeln nach dem Kochen teigig?

Nudeln, welche mit sehr sauren Zutaten aromatisiert wurden, wie Zitronensaft, Cranberrysaft oder milchsauervergorene Gemüsesäfte, tendieren dazu ihre elastische Konsistenz zu verlieren und auch mehliger zu schmecken. Stattdessen Zitronenabrieb und frischgepresste Gemüsesäfte ohne Milchsäure verwenden.

Auch reine Weichweizenmehlnudeln können mehlig schmecken. Abhilfe verschafft die Zugabe von Ei oder die Verwendung von Hartweizen- oder Dinkelgrieß. Wenn reine Hartweizennudeln trotzdem teigig schmecken, hilft es, die Nudeln vor dem Kochen antrocknen zu lassen (maximal einen halben Tag).

Asiatische Weizennudeln, die ja oft aus 100% Weichweizenmehl bestehen, werden in der Regel nach dem Kochen in kaltem Wasser abgeschreckt. Sie werden dabei regelrecht kalt gewaschen, sodass die Stärke abgespült wird. Dadurch bekommen die Nudeln mehr Biss und schmecken nicht teigig. Diese Nudeln können dann weiter für Bratgerichte, kalte Nudelsalate oder Suppen verwendet werden. Damit die Suppe nicht durch die kalten Nudeln runterkühlt, werden sie kurz vor dem Servieren nochmals in heißes Wasser getaucht und angewärmt.

Wie verhindert man, dass die Nudeln zusammenkleben?

Die Nudeln sollten im rohen Zustand schon nicht kleben. Falls der Teig etwas zu feucht war, hilft etwas darübergestreutes Mehl, um die Nudeln voneinander zu separieren. Damit Nudeln beim Kochen nicht zusammenkleben, sollte der Kochtopf möglichst groß sein und die Nudeln regelmäßig umgerührt werden. Auch sollten sie nach dem Abgießen schnell mit der Soße vermischt werden. So wird auch verhindert, dass sich die warmen Nudeln im Abtropfsieb zu einem großen Klumpen verkleben.
Die Zugabe von Öl ins Kochwasser ist nicht nötig.

Oft werden Pasta noch halbroh zu der Soße gegeben und dort fertiggegart. Auf diese Weise kann die Soße in den Teig ziehen und das Nudelwasser dickt die Soße zusätzlich an.

Udon, Soba und Reisnudeln kochen:

- Wasser bei höchster Hitze aufkochen lassen und nicht salzen.
- Frische Nudeln zugeben und umrühren.
- Udonnudeln sollten sehr lange (14 bis 20 Minuten) gekocht werden, da sie dicker sind und so ihren speziellen Biss bekommen. Sobanudeln und Reisnudeln müssen nur 2 bis 3 Minuten kochen.
- Soba- und Udonnudeln nach der Kochzeit in kaltem Wasser abschrecken und gründlich mit den Händen waschen, sodass sie frei von Stärke sind. Frischgekochte Reisnudeln in ein kaltes Wasserbad geben und so von der Stärke befreien. Wasser so oft wechseln, bis es klar bleibt. Nur so bekommen diese Nudeln ihre wahre, elastische Konsistenz.

Ramennudeln und Mie-Nudeln kochen:

- Wasser bei höchster Hitze aufkochen lassen und nicht salzen.
- Frische Nudeln hinzugeben und sofort gut umrühren.
- Ramen- und Mie-Nudeln sehr bissfest kochen, (75 Sekunden) abschütten und gründlich im Sieb abschütteln.
- Die Nudeln etwas länger kochen und kalt abbrausen, wenn sie kalt gegessen werden sollen.

Teigtaschen zubereiten:

- Teigtaschen können gedämpft, gekocht, frittiert oder in der Pfanne dampfgebraten werden.
- Für das Dampfbraten die Teigtaschen mit der flachen Seite nach unten in eine heiße Pfanne mit Öl geben und anbraten. Wasser hinzugeben, sodass die Teigtaschen bis zur Hälfte bedeckt sind und den Deckel schließen. Das Wasser wird durch die hohe Hitze verdampfen und die Teigtaschen garen.
- Sobald das Wasser fast weg ist, Deckel abnehmen und alles nochmal knusprig werden lassen.

Beim Abschrecken wird die Stärke von den Nudeln abgewaschen. Sie schmecken nicht mehr teigig und bekommen mehr Biss und Elastizität.

NUDELN ANRICHTEN

Hübsch serviertes Essen schmeckt doppelt so gut und das gilt auch für frische Nudeln. Auf diesen Seiten werden Anregungen gegeben für verschiedene Möglichkeiten, wie Nudeln angerichtet werden können, denn das Auge isst immer mit!

Pasta auf einem Teller anrichten:

- Pasta vorher mit der Soße mischen und in einem Nest auf den Teller geben. Dann übrige Soße darüber geben und mit Kräutern oder Parmesan garnieren.
- Pasta vorher mit der Soße mischen. Übrige Soße auf den Teller streichen und die Pasta vorsichtig darauf platzieren und garnieren. Mit dieser Methode kommen auch Ravioli gut zur Geltung, da sie auf der Soße liegen und ihre hübschen Formen besser zu erkennen sind.
- Ravioli oder Gnocchi direkt aus dem kochenden Wasser schöpfen und auf den Teller geben. Mit geschmolzener Butter beträufeln und mit Parmesan bestreuen.
- Zu langen dünnen Nudeln passt eine Soße auf Ölbasis, Pesto oder eine leichte Tomatensoße. Kurze Nudeln mit einer stückigen Soße, z. B. mit Hackfleisch, servieren. Zu breiten Bandnudeln passen Sahne-, Käse-, oder Fleischsoßen.

Pasta für eine größere Gruppe anrichten:
Vor allem in den ländlichen Regionen Italiens, in denen Großfamilien zusammenwohnen, ist das gemeinsame Essen am großen Tisch weit verbreitet. Pasta wird daher in großen Schalen und Pfannen serviert, die in die Mitte des Tisches gestellt werden, sodass alle davon nehmen können. Die Nudeln sind bereits mit der Soße vermischt und werden mit Käse und Kräutern garniert. Am Tisch gibt es oft noch extra Käse (oder geröstete Semmelbrösel) für jeden zum Selberbestreuen. Pasta ist keine Beilage, sondern wird als Hauptgericht oder Teil eines mehrgängigen Menüs gegessen. Meist nach der Antipasti und vor dem Hauptgang mit Fleisch.

Mie-Nudelsuppe anrichten:

- Gekochte kalte Nudeln mit heißem Wasser überbrühen. Das Wasser nach 30 Sekunden wieder abschütten.
- Auf die warmen Nudeln kommen Toppings wie gekochtes Fleisch oder Teigtaschen.
- Auf die Toppings wird heiße Brühe gegossen, bis sie die Nudeln gut überdeckt und die Toppings darin schwimmen.
- Mit Kräutern und Pfeffer garnieren. Frittierte Teigtaschen eparat reichen, sodass jede/r selbst entscheiden kann, ob sie knusprig oder in der Brühe gegessen werden sollen.

Auch vietnamesische Pho-Suppen werden ähnlich angerichtet. Dünn geschnittenes Rindfleisch wird roh auf die Nudeln gelegt und kurz vor dem Servieren **mit heißer Brühe übergossen**, sodass das Fleisch in der Schale gart und zartrosa wird.

Ramensuppe anrichten:

- Die Suppenschüssel mit heißem Wasser vorwärmen. Das Wasser kurz vor Verwendung abschütten.
- Nudeln ins Wasser geben und sehr kurz kochen.
- In die Schale kommt zuerst die Würzpaste, auch Tare genannt. Danach mit kochend heißem Suppenfond übergießen und verquirlen.
- Nudeln nach 75 Sekunden abschütten und gut abschütteln.
- Die Nudeln in die Schale geben, mit den Stäbchen nach oben heben und sachte wieder in die Schale gleiten lassen. Dabei die Nudeln übereinanderfalten. Ein Teil der Nudeln sollte an der Oberfläche der Brühe zu sehen sein.
- Nun mit Toppings belegen. Dabei bei den großen, warmen Zutaten wie Fleisch anfangen und mit den kleinen Zutaten wie Sesamkörnern oder Aromaöl abschließen.

Es gibt neben der Suppe viel mehr Arten Ramennudeln zu essen. Mit einer ölbasierten Soße (Abura Soba), mit weniger Brühe, die sich mit den Nudeln vermischt (Mazemen) und mit einer kräftigen Brühe, in die die Nudeln hineingedipt werden (Tsukemen).

Vietnamesische kalte Reisnudeln anrichten:

- Frisches Gemüse wie Salat, Sprossen, Kräuter und feingeschnittene Gurke in die Schale geben.
- Darauf die kalten Reisnudeln legen.
- Mit den Haupttoppings, wie gegrilltem Fleisch oder in mundgerechte Happen geschnittene Frühlingsrollen, belegen.
- Mit weiteren Toppings wie gerösteten Erdnüssen, Kräutern und Gemüse garnieren.
- Das Dressing wird separat gereicht und wird kurz vor dem Verzehr über die Nudeln geträufelt.

Es gibt viele kalte Nudelsalate, die auf einem ähnlichen Prinzip basieren. Manchmal verbirgt sich das Dressing im Schalenboden und muss beim Mischen von unten hochgeholt werden.

Dipping-Noodles anrichten:

- Nudeln sind meist kalt und werden vorher in kaltem Wasser gründlich gewaschen, damit sie von Stärke befreit sind und nicht zusammenkleben.
- Es gibt kalte und warme Dips. Er kann aus einem angerührten Dressing bestehen oder eine dickflüssig eingekochte Brühe sein.
- Zu den Nudeln können weitere Beilagen serviert werden. Knusprige Beilagen, wie Tempura bei kalten Udon oder Soba, werden separat gereicht. Warme Beilagen, wie Ei oder Fleisch bei Tsukemen, können im Dip serviert werden.

Bei dem illlustrierten Gericht auf Seite 183 handelt es sich um kalte Sobanudeln (Zaru-Soba). Der Dip wird am Tisch mit Ingwer, Wasabi, Frühlingszwiebeln und geriebenem Rettich gewürzt, so wird die Schärfe von jede/r Person selber bestimmt.

Bun Thit Nuong Cha Gio (Reisnudelsalat) anrichten

Chinesische Weizennudeln mit heißem Chiliöl anrichten:

- Kalte Weizennudeln in eine große Schüssel geben. Für dieses Gericht werden handgezogene Weizennudeln bevorzugt, aber andere frische Weizenbandnudeln gehen auch.
- Verschiedene Gewürze wie Sojasoße, schwarzen Essig, Zucker und Salz darübergeben.
- Weitere Toppings wie gehackten Knoblauch, Frühlingszwiebeln, Chiliflocken, Chilipaste hinzufügen und möglichst mittig auf den Nudeln platzieren.
- In einer separaten Pfanne neutrales Pflanzenöl stark erhitzen bis es zu rauchen beginnt. Kein Olivenöl nehmen, da es verbrennen kann und der Geschmack nicht zu dem Gericht passt.
- Das Öl mit einer Schöpfkelle direkt über die Gewürze und feingehackten Zutaten gießen. Es muss ordentlich zischen.
- Die Nudeln sofort mischen, sodass sich alle Gewürze und Soßen mit dem Öl zu einem Dressing vermischen.

Die Methode mit heißem Öl wird in vielen Bereichen der chinesischen Küche angewandt (speziell in der Szechuan-Küche), um Aromen zu aktivieren. Das Öl gart nicht nur die Zutaten, sondern verleiht allem einen leicht rauchigen Röstgeschmack.

TIPP

Diese Anrichtungsmethoden sind natürlich nicht in Stein gemeißelt und können nach Region oder Familie variieren.

Weitere Ideen zu Anrichtungsmethoden und Rezepten gibt es ganz hinten im Buch unter dem Kapitel „Bezugsquellen und Links".

Anrichten von Biang Biang Mian

Diese Zubereitungsart wird sehr gerne bei handgezogenen Nudeln angewendet. Eine gute Beilage ist blanchiertes Gemüse.

NUDELN TROCKNEN

Nudeln selbst zu trocknen, kann eine komplizierte Angelegenheit sein. Industriell gefertigte Nudeln werden in einer kontrollierten Umgebung langsam und gleichmäßig getrocknet. Dies kann zuhause nur selten gewährleistet werden.

Ob Nudeln erfolgreich getrocknet werden können, hängt von vielen verschiedenen Faktoren ab, wie der **Luftfeuchtigkeit, Zimmertemperatur und der Form und Dicke** der zu trocknenden Nudeln.

Die italienischen Pastameister von früher wahren richtige Experten in Wetterkunde. Es kann verheerend sein, wenn eine große Fuhre handgemachter Pasta beim Trocknen unter freiem Himmel angeregnet wird oder wegen falscher Luftfeuchtigkeit verdirbt.

Es darf aber auch nicht zu trocken sein, da sich die Nudeln sonst zu schnell zusammenziehen und brechen. Bei der traditionellen Trocknung wurden bestimmte Windströmungen aus den Bergen oder von der Küste genutzt. Die Nudeln wurden zuerst feuchteren Windströmungen ausgesetzt und später bei trockenerer Luft getrocknet. Später kamen sie in dunkle Kellerräume ohne Luftzug und trockneten dort fertig. Es geht dabei immer darum, dass die Nudeln nicht zu schnell trocknen dürfen und Zeit brauchen. Der ganze Prozess dauert mehrere Wochen.

Nudeln zuhause trocknen:

- Die Nudeln trocknen am besten auf einem luftdurchlässigen Untergrund wie einem feinen Gitter oder einem Netz. Es gibt für diese Zwecke extra Nudelbehälter, sogenannte Nudelhorden. Der luftige Untergrund sorgt dafür, dass die Nudeln nicht schimmeln.
- Beliebt ist auch ein mit grobem Hartweizengrieß bestreuter Holzuntergrund oder ein Küchentuch. Das Holz oder Tuch entzieht den Nudeln zwar Feuchtigkeit, speichert sie jedoch und gibt sie langsam wieder an die Nudeln ab, sodass diese nicht zu schnell austrocknen.
- Am besten die Nudeln vorher auf Küchentücher auslegen und diese nach zwei bis drei Tagen entfernen. Danach können sie auf einem luftigen Untergrund fertig trocknen. Die Nudeln mehrmals wenden bei einer Trockendauer von mindestens 5 bis 7 Tagen.
- Die Nudeln trocknen idealerweise bei Raumtemperatur (ca. 17 bis 20 Grad °C). Die Luft darf dabei nicht zu trocken sein, bei Bedarf die ersten Tage feuchte Tücher im Raum aufhängen. Zugluft trocknet die Nudeln schnell aus, deshalb Türen und Fenster schließen!
- Zu schnell getrocknete Nudeln (z. B. aus dem Ofen oder bei direkter Sonne) bekommen Risse, brechen schon während des Trocknens oder zerfallen spätestens beim Kochen.

Tipps zum Nudeltrocknen:

- Bestimmte Nudelformen eignen sich besser zum Trocknen als andere. Als sehr schwierig gelten Hohlnudeln, Röhren- und Motivnudeln. Einfacher sind gewellte oder gedrehte Nudeln wie Fusilli oder Mafaldine, da der Grundteig von Anfang an trockener ist.
- Dünne Nudeln lassen sich besser trocknen als dicke, da in dicken Nudeln mehr Flüssigkeit steckt, die entweichen muss.
- Lange Nudeln, welche eher dazu tendieren zu brechen, lassen sich besser in Nestern trocknen. Frische Nudeln gut mehlen und die Nudelnester mehrmals wenden.
- Einfach ein Küchentuch über ein Seil legen und dann darauf die Nudeln legen. So können sie hängend getrocknet werden.
- Nudeln aus Hartweizengrieß lassen sich einfacher trocknen als Nudeln aus Weichweizenmehl.
- Es spielt keine Rolle, ob im Teig Ei enthalten ist oder nicht. Teig mit Ei kann ebenfalls getrocknet werden. Jedoch sind dünne Nudeln mit Eierteig leichter zu trocknen.
- Damit die Nudeln robuster werden, muss der Teig auf jeden Fall länger geknetet werden und länger ruhen, damit sich der Weizenkleber Gluten besser entfaltet.
- Nudeln von Profimaschinen lassen sich leichter trocknen, da sie mit höherem Druck gepresst wurden und so stabiler sind.
- Bindemittel können den Teig noch besser stabilisieren, sodass Motivnudeln oder Hohlnudeln weniger brechen. Zu 250 g Mehl einfach 0,5 TL Johannisbrotkernmehl und 1 TL Glutenpulver mischen.

Anstatt großer Nudelhorden können auch diese Trockennetze verwendet werden. Sie sind eigentlich für Kräuter gedacht und lassen sich nach Verwendung platzsparend zusammenfalten.

Wem das Trocknen von Anfang an gelingt, kann sich glücklich schätzen. Trotzdem ist es keine Garantie, dass es jedes Mal klappt. Der Erfolg ist abhängig vom Wetter und den Luftbedingungen im Raum. Falls es mit dem Trocknen einfach nicht klappt, ist es besser dies zu akzeptieren und sich den Frust zu ersparen. Der Vorteil an so einer Nudelmaschine ist ja, dass frische Nudeln hergestellt werden, die frisch natürlich am besten schmecken.

Frische Nudeln können übrigens auch sehr gut verschenkt werden. Einfach gut mehlen und luftig in Papiertüten einpacken, so wie es bei frischer Pasta aus dem Feinkostladen gemacht wird. Sie halten sich drei bis vier Tage im Kühlschrank.

Das Aufbewahren in luftdichten Frischhaltedosen führt dazu, dass die Nudeln wegen dem Kondenswasser schneller verderben. Diese lieber nur in Papier einschlagen. Es ist okay, wenn sie im Kühlschrank etwas antrocknen.

NUDELN EINFRIEREN

Das Einfrieren ist ein guter Weg, um frische Pasta haltbar zu machen. Besonders Gnocchi oder gefüllte Teigtaschen lassen sich nicht gut trocknen.

Nudeln einfrieren

- Nudeln mehlen und auf ein mit Hartweizengrieß bestreutes Blech legen. Die Nudeln sollten sich nicht berühren.
- Das Blech für mehrere Stunden einfrieren.
- Danach können sie in Dosen oder Gefriertüten zusammengelegt und platzsparend verstaut werden.
- Alternativ die Nudeln in einzelne Gefrierbeutel portionieren. Nudeln gut mehlen und die Portionsgröße so wählen, dass diese später als Ganzes in den Kochtopf passt.
- Man kann auch einzelne Nester nebeneinander in einen Gefrierbeutel oder auf Backpapier legen und umklappen. So haben mehrere Nudelnester nebeneinander Platz und verkleben nicht.

Teigtaschen einfrieren

- Gefüllte Teigtaschen können ebenfalls mit den bereits genannten Methoden eingefroren werden.
- Insbesondere Ricotta kann nach dem Einfrieren krümelig werden. Dies beeinflusst nicht den Geschmack. Wenn die Nudeln vor dem Einfrieren für zwei Minuten blanchiert werden, kann das Problem umgangen werden.
- Eingefroren halten sich die Nudeln bis zu einem Monat.
- Bei Gebrauch die Nudeln im gefrorenen Zustand in kochendes Wasser geben und kochen. Dabei gründlich, aber vorsichtig mit dem Kochlöffel umrühren, damit sich die Nudeln voneinander lösen.

Bezugsquellen & Links

Matrizen-Hersteller

Philips

Original-Matrizen von Philips können auch nachträglich gekauft werden. Jedes Set besteht aus zwei Matrizen. Beim Kauf von Matrizen darauf achten, dass die richtige Matrize für die richtige Maschine ausgewählt ist, sonst passt sie womöglich nicht.

capo12.com

Bietet sowohl Bronze-Matrizen als auch POM-Matrizen an. Adapter bzw. Reduktionsringe für Philips Pastamaker Avance, Philips Pastamaker Viva, Silvercrest von Lidl, Simac Pasta Matic, Ariete Pastamatic und Fattorina erhältlich. Bietet auch verschiedenes Pastamehl an.

pastidea.it

Bietet sowohl Bronze-Matrizen (auch mit PVD-Beschichtung) als auch POM-Matrizen an. Matrizen werden angeboten für Nudelmaschinen von Philips Avance, Philips Viva, Kenwood, KitchenAid, Fimar, Fattorina, Häussler, Korngold, Marcato, Sela, Simac, Unold und vielen mehr.
Bietet POM- Matrizen an, für die kein extra Adapter benötigt wird.

Son Services GmbH: www.ebay.de/usr/son_services

Bietet im Ebay-Shop POM-Matrizen an. Adapter bzw. Reduktionsringe für Philips Pastamaker Avance, Philips Pastamaker Viva.

Gia dụng Bếp - Bánh von Nhu Nguyen Phuong

in Vietnam ansässiger Shop, der über Facebook verkauft. Bietet POM-Matrizen für Philips Pastamaker Avance und Philips Pastamaker Viva an. Kein Adapter nötig. Wunsch-Matrizen können nach Absprache hergestellt werden.

Webseiten

www.cookingchef-freun.de
Viele Rezepte für den Pastamaker und die Kenwood Pasta Fresca.

bakeria.ch
Onlineshop aus der Schweiz, der POM-Matrizen von Nhu führt. Zu finden in der Kategorie „Pasta Selbermachen".

pastagrannies.com
Die Webseite zum Youtube-Kanal mit vielen Rezepten, Videos und Fotos von italienischen Nonnas (Omas), die ihre alten Pasta-Rezepte teilen.

fxcuisine.com
Foodblog mit dem Schwerpunkt französische und italienische Küche. Viele Rezepte für italienische Nudelsoßen.

www.ramenadventures.com
Zeigt viele verschiedene Ramen-Nudelsuppen aus ganz Japan. Super geeignet zur Inspiration und um zu sehen, wie Ramen serviert werden.

wayoframen.com
Interaktive Plattform zum Austausch von Ramen-Rezepten. Hat auch einen Podcast.

ramenislife.com
Ein Blog, der über die Ramen-Szene in New York berichtet.

nichijou.net
Tolle Webseite eines Hobby-Ramen-Kochs mit ausführlichen Informationen zum Nachkochen zuhause.

yamatonoodle.com/noodle-master-labs
Grundlagen der professionellen Ramenherstellung werden ausführlich erklärt.

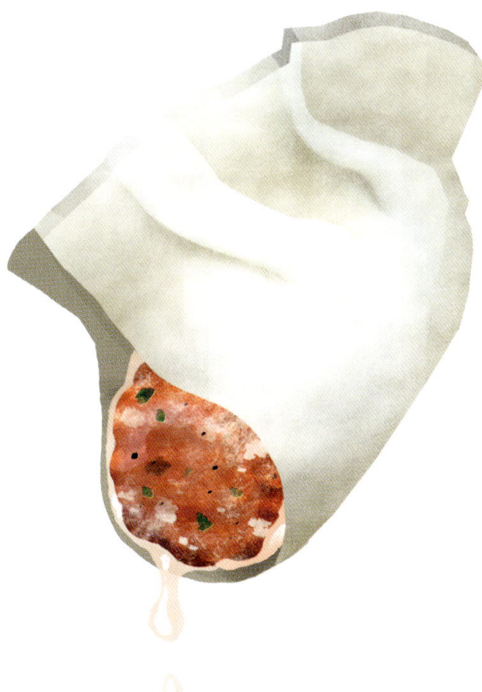

Für den Philips Pastamaker haben wir zwei Anwendungsmöglichkeiten für Sie:

1. Bronzematrizen zusammen mit einem Adapter:
   Diese Matrizen sind universell auf vielen verschiedenen Nudelmaschinen einsetzbar. Durch das Bronzematerial kann die Sauce besser von den Nudeln aufgenommen werden.

2. POM-Matrizen:
   Diese Matrizen passen direkt auf den Pastamaker. Sie benötigen keinen Adapter.

Für die Besitzer dieses Buches haben wir ein exklusives Gutscheinangebot.
Schicken Sie uns ein Foto mit diesem Buch und Ihrer Nudelmaschine und wir werden Ihnen eine Auswahl an verschiedenen Rabattoptionen zuschicken, die Ihren Start in die Nudelwelt erleichtert. Auch Bestandskunden mit diesem Buch können einen Rabatt abstauben.

Sonderrabatt: über 20% Preisnachlass möglich!

Bei Ihrem Einkauf auf der Webseite von Pastidea.

> Für Neukunden:
Adapter um die Hälfte reduziert bzw.
kostenlos ab einem bestimmten Wert im Warenkorb.

> Für unsere Bestandskunden:
Beim Kauf von mindestens drei Matrizen
erhalten Sie die vierte Matrize zu einem Sonderpreis.

Wie es funktioniert?
Schicken Sie uns das Foto an
kundendienst@pastidea.com.
Wir werden Ihnen in Kürze
einen personalisierten Rabattcode zuschicken.

www.pastidea.com

facebook.com/pastidea.social

Zu 100% in Italien hergestellt, mit deutschem Kundendienst.

CAPO12

TRAFILE E PASTA **100% MADE IN ITALY**

Wir sind ein junges Unternehmen, das sich auf die Vermarktung von Produkten aus der Welt der Pasta spezialisiert hat.
Alle Produkte sind ausschließlich zu 100% in Italien hergestellt!

Unsere Matrizen aus Bronze und POM wurden speziell für die Verwendung mit Küchenmaschinen wie Kenwood, Philips Pasta Maker Avance, der Philips Viva Collection, Ariete, PastaMatic, SilverCrest Lidl und La Fattorina entwickelt und hergestellt.

Für jede Maschine haben wir einen speziellen Reduzierring erstellt. Damit können diese Maschinen unseren gesamten Katalog mit Matrizen nutzen. Matrizen, die standardmäßig nicht für diese Maschinen erhältlich sind.

All unsere Matrizen werden in ITALIEN von CAPITANIO CAMILLO & C sas hergestellt, einem Unternehmen mit über 145 Jahren Tätigkeit und Erfahrung in der Branche.

Auf unserer Website werden auch hochwertiger Grieß, Mehl und Aromen (aus getrockneten und gemahlenen natürlichen Zutaten) zum Verkauf angeboten- Sie wurden ausgewählt und getestet, um ein einzigartiges Ergebnis und Geschmackserlebnis zu bieten, das mit keinem anderen Mehl oder Grieß auf dem Markt vergleichbar ist. Alles immer 100% MADE IN ITALY!

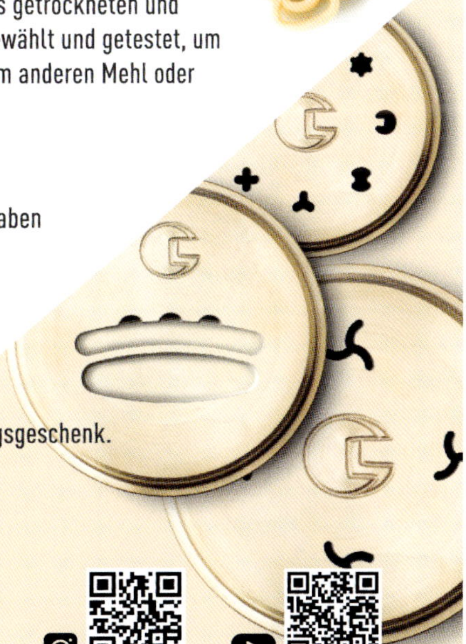

Wir bemühen uns jeden Tag, das Beste zu bieten und haben bis heute viele deutsche Kunden, die uns mit Beständigkeit und Zufriedenheit folgen. Wir haben einen muttersprachlichen Hilfskanal aktiviert und eine deutsche Facebook-Gruppe, in der Rezepte, Meinungen und Kreationen diskutiert und ausgetauscht werden können.

FÜR ALLE LESER DIESES BUCHES
15% RABATT AUF ALLE BESTELLUNGEN ÜBER 65 EURO plus ein Überraschungsgeschenk.

CODE: CamTu_byCAPO12

WWW.CAPO12.COM - info@capo12.com
Facebook | facebook.com/shopcapo12
Facebook Groups | facebook.com/groups/PASTAeIMPASTI

Facebook-Gruppen

Pasta & Pastidea, Philips, Kenwood, KitchenAid.
https://www.facebook.com/groups/pastidea

Pastamaker, Nudeln & Co - Rezepte & Matrizen
www.facebook.com/groups/1396260660405717

Pastidea - aus Liebe zum Nudeln mit dem Pastamaker
https://www.facebook.com/groups/pastideadeutschland

Nudel & Teig! Mit Philips Pasta Maker, Kenwood und vieles mehr by CAPO12
www.facebook.com/groups/NUDELeTEIG

Pasta & imPasti! Con Philips Pasta Maker, Kenwood e tanto altro by CAPO12
www.facebook.com/groups/PASTAeIMPASTI

Philips Pastamaker
www.facebook.com/groups/1014079301999400

Philips Pasta Maker und Matrizen von giadungbepbanh Nhu Nguyen Phuong
www.facebook.com/groups/1976624589060842

Pasta & Pastidea Professional, Fattorina, Fimar & Häussler
www.facebook.com/groups/profipasta

Verkauf rund um die Nudel Matrizen & Co.
www.facebook.com/groups/matrizenverkauf

Pasta Grannies

www.youtube.com/user/pastagrannies
Traditionelle italienische Nudelrezepte von echten italienischen Omas.

Buon-A-Petitti

www.youtube.com/user/SuperWarp3
Italienische Küche von der Nonna Gina.

Orsara Recipes

www.youtube.com/user/OrsaraRecipes
Viele italienische Rezepte eines Italieners in New Jersey.

Chinese Cooking Demystified

www.youtube.com/channel/UC54SLBnD5k5U3Q6N__UjbAw
Traditionelle chinesische Küche. Viele Rezepte für Nudelgerichte, Nudelsuppen und Dumplings.

Magic Ingredients

www.youtube.com/channel/UCCKlp1JI9Yg3-cUjKPdD3mw
Chinesische Küche mit vielen Rezepten zu Nudeln und Dumplings.

Souped up Recipes

www.youtube.com/c/SoupedUpRecipes
Viele chinesische Rezepte und ausführliche Erklärungen, wie Teigtaschen gefüllt und gefaltet werden.

Seonkyoung Longest - Asian at Home

www.youtube.com/user/SeonkyoungLongest
Viele ostasiatische Rezepte gut und einfach erklärt.

Helen's Recipes
www.youtube.com/user/HelenRecipes
Vietnamesische Rezepte mit vielen Nudelgerichten.

Maangchi
www.youtube.com/user/Maangchi
Traditionelle und alltägliche koreanische Küche mit vielen Nudel- und Dumplingrezepten.

Way of Ramen
www.youtube.com/channel/UCuM3xKQ_D0RIMMSUh9AYxNA
Ausführliche Anleitungen und Rezepte zur japanischen Ramensuppe.

Motoki Ramen Academy
www.youtube.com/channel/UCrDH_MZXVqcLKcSZs2B0tZw
Viele Rezepte und Tipps rund um Ramen eines Profi-Kochs.

French Guy Cooking
www.youtube.com/user/FrenchGuyCooking
Viele Rezepte und Tipps zum Thema Nudelmaschinen und Ramen.

Philips
www.youtube.com/user/Philips
Rezepte des Herstellers für den Philips Pastamaker.

Instagram

@cristianmolon
Pasta aus dem Philips Pastamaker mit Bronze-Matrizen.

@_thatpastagirl_
Nudelproduktion mit dem Pasta-Extruder für Restaurants.

@lucyvaserfirer
Pasta mit der Bigolaro-Handpresse.

@saltyseattle
Expertin zum Thema Nudelteigfärben.

@haricam
Besondere Extruder Pasta mit fermentierten Zutaten und speziellen Mehlen.

@the.pasta.diaries
Handgemachte Pasta, Teigtaschen und Gnocchi.

@pastasocialclub
Inspirierende handgemachte Pasta.

@carmelaskitchen
Handgeformte Pasta mit der Nudelwalze.

@freshpastafun
Leckere handgeformte Pasta.

@impasta.con.stefano
Handgemachte Pasta mit Tipps und Inspiration.

@pasta_51
Hausgemachte Pasta mit der Nudelwalze und dem Pasta Extruder.

@sardegna_cooking_studio
Regionale Pasta aus Sardinien.

@pastaiodavid
Handgemachte Pasta und Pasta aus dem Extruder.

@pasta_impasti_by-giomorgana
Nudeln aus dem Philips Pastamaker und der Fattorina mit Bronze-Matrizen.

@pastaiaselvaseca
Handgemachte Pasta mit der Nudelwalze und dem Pasta Extruder.

@gnoccheriabyluzzos
Spezialisiert auf Gnocchi, auch mit dem Pasta Extruder.

@ramenover
Selbstgemachte Nudeln und Brühen für Ramen.

@noodle.project
Nudelgerichte aus aller Welt mit selbstgemachten Nudeln.

@goramen
Einblicke in das Leben eines Ramen-Restaurant-Besitzers.

@ramenschool_rajuku
Ramenworkshops für Gastrobetriebe. Es sind viele professionelle Nudelmaschinen und Werkzeug zur Ramenherstellung zu sehen.

@yamato_noodle_school
Ebenfalls interessanter Einblick in die Profi-Ramen-Zubereitung.

@ramenlord
Viele Tipps rund um die japanische Nudelsuppe. Es gibt ein kostenloses Kochbuch, das online zum Download bereit steht.

@nudelnaufknopfdruck
Der Instagramkanal zu diesem Buch mit mehr Inspiration und Rezepten für den Pastamaker.

Bücher

Viele dieser Bücher sind auch auf Deutsch zu haben. Einfach nach dem Autor recherchieren.

pasta, pretty please von Linda Miller Nicholson
Fantastisches Buch über das Färben von Nudeln. Behandelt auch das Thema Gnocchi.

Mastering Pasta von Marc Vetri und David Joachim
Handgemachte Pasta, Gnocchi und Risotto. Hauptsächlich für die Nudelwalze.

Encyclopedia of Pasta von Pretta Zanini De Vita
Umfangreiche Enzyklopädie zu allen traditionellen italienische Pastaformen. Erklärung der Herkunft, aus was sie gemacht werden, wie sie geformt werden und zu was sie serviert werden. Keine genauen Mengenangaben oder Rezepte angegeben, nur Beschreibungen.

The Geometry of Pasta von Caz Hildebrand und Jacob Kenedy
Eine weitere Enzyklopädie zu traditionellen Pastaformen und mit welchen Soßen sie gegessen werden. Erklärung der Herkunft, aus was sie gemacht werden und und genaue Beschreibungen der Form, Dicke und Größe der Nudeln. Keine genaue Rezeptur für die Herstellung der Nudeln, dafür viele Rezepte für Soßen, die zu den verschiedenen Nudelformen passen.

Pasta Grannies von Vicky Bennison
Das Buch zum bekannten Youtube-Kanal. Genaue Beschreibung und Rezepte zur Herstellung von frischer italienischer Pasta. Originalrezepte von italienischen Nonnas (Omas) aus ganz Italien.

Flour + Water von Thomas McNaughton
Spezielle Rezepte aus dem gleichnamigen Restaurant in San Francisco. Behandelt sowohl Pasta aus der Nudelwalze sowie Pasta mit dem Extruder. Viele Tipps zum Formen und Füllen von Pasta mit saisonalen Rezepten.

The ultimate Pasta Machine Cookbook von Lucy Vaserfirer
Behandelt Nudelmaschinen wie Bigolaro, Pasta Extruder, Walznudelmaschinen und weitere italienische handbetriebene Maschinen.

Nudeln mal anders von Caroline Bretherton
Viele Rezepte für handgemachte glutenfreie Nudeln und passende Nudelsoßen. Behandelt auch Gemüsenudeln und Shiratakinudeln (Nudeln aus Konjakmehl).

Let's Make Ramen von Hugh Amano und Sara Becan
Eine schöne Mischung aus Kochbuch und Comic, die die Zubereitung von japanischem Ramen zeigt. Rezepte für selbstgemachte Nudeln, Brühen und Toppings.

Ivan Ramen von Ivan Orkin, Chris Ying und David Chang
Rezepte eines bekannten Ramenrestaurant-Besitzers. Genaue Anleitung zur Herstellung von Ramennudeln für Zuhause.

Dumplings All Day Wong von Lee Anne Wong
Chinesische Teigtaschen aller Art. Sehr gute Anleitungen zum Falten und Füllen der Dumplings.

Magic Ramen von Andrea Wang und Kana Urbanowicz
Ein wunderschön illustriertes Bilderbuch über den Erfinder der Instant-Ramen Momofuku Ando.

Alle Informationen und Links haben keinen Anspruch auf Vollständigkeit. Es kommen immer wieder neue Pastamaschinen mit mehr Funktionen auf den Markt und auch die Matrizenhersteller erweitern regelmäßig ihr Sortiment. Und natürlich gibt es noch mehr Webseiten und Bücher, die sich mit Nudeln beschäftigen. Diese Liste verschafft dennoch einen Überblick und soll vor allem als Einstieg dienen.

 Mehr Nudelfotos gibt es auf Instagram @nudelnaufknopfdruck.

Beschreibungen

Zu den quadratischen Fotos auf Seite 204 und 205.

01, 02, 03
Chewy Udonnudeln mit Tapiokastärke, Gyoza-Teigblätter, Reisnudeln.

04, 05, 06
Spaghetti mitSpinat-Sahne-Soße, Sorpresine mit Schnittlauch-Eier-Teig, Ramen mit Hack und Erdnuss-Chili-Soße.

07, 08, 09
Chinesische Spinat-Weizennudeln mit Kansui, Radiatore aus Linsenmehl, Bandnudeln aus Lasagneplatten.

10, 11, 12
Gewellte Mie-Nudeln, ideale Teigkonsistenz für Pasta Extruder, gekochte Motivnudeln ohne Ei.

13, 14, 15
Ramennudeln mit Ei, Kürbis-Gnocchi, Rigatoni al forno, breite Bandnudeln mit Chili-Sesam-Soße, rustikale Tagliatelle mit Auberginen-Tomatensoße, Reginette mit Kichererbsenmehl und Hartweizengrieß.

16, 17, 18
Reisnudeln mit gebratenem Seitan und Gemüse, dampfgebratene Gyoza, Pasta mit Rote Bete.

19, 20, 21
Weizennudeln mit Kansui und schwarzem Sesam, Malloreddus aus Dinkelgrieß, Radiatore aus Hartweizengrieß und Hanfmehl.

Viele Rezepte zu den Nudelfotos sind bei den Bonus-Rezepten ab Seite 134 zu finden.

CAM TU NGUYEN

Designerin und Illustratorin mit einer großen Leidenschaft zu Food-Themen. Nach dem Designstudium in Nürnberg macht sie jetzt ihren Master in Illustration an der HAW in Hamburg.

Aufgabenbereich für dieses Buch:
Fotos, Text und Illustration

Portfolio:
camtung.tumblr.com

Food-Accounts:
bento-lunch-blog.de
instagram/tokenbento
instagram/nudelnmitknopfdruck

LENA DIRSCHERL

Seit Abschluss ihres Designstudiums an der TH Ohm in Nürnberg im Jahr 2014 arbeitet Lena als freiberufliche Illustratorin und Designerin.
Zudem leitet sie das Designbüro KATENA Studios.

Aufgabenbereich für dieses Buch:
Layout

Portfolio:
www.lenadirscherl.com
www.katenastudios.com

Instagram:
instagram.com/bopolena
instagram.com/katenastudios

DANKE!

Mein Dank gilt allen Menschen, die mich beim Schreiben dieses Buches begleitet und unterstützt haben. Besonderer Dank gilt **Lena Dirscherl.** Ohne dich wäre dieses Buch nicht so entstanden!

Vielen Dank an alle Testleser und Testesser: Benjamin Vogel, Tien Nguyen, Jasmin Werner, Chris Marchl, Sarah Appel, Andreas Kraußer, Viola Mezera, Ilonka Fries, Gerd Wolfgang Haase sowie der besten Verlegerin Annette Köhn.

Herzlichen Dank auch an alle, die mich bei der ersten Auflage bereits unterstützt haben! Danke an alle Instagram-Follower und Blogleser für eure Treue!

Impressum:

Fotos, Text und Illustration:
Cam Tu Nguyen

Layout: Lena Dirscherl

Herausgegeben von:
Jaja Verlag
Fein illustrierte Machwerke
Tellstr. 2
12045 Berlin
www.jajaverlag.com

Erstausgabe: Berlin, Mai 2021
Siebte Auflage: Berlin, Oktober 2025
Druck: Balto Print, Vilnius, Littauen
ISBN: 978-3-948904-08-1